Silvia Hofmann

Diese Suppe ess' ich nicht!

Silvia Hofmann

Diese Suppe ess' ich nicht!

Das Drama mit dem Essen

Vorurteile – Erziehungsgrundsätze
und was wirklich wichtig ist

Kreuz

Inhalt

Vorwort

Es gibt kaum eine Familie, in der nicht ab und zu Probleme mit dem Essen – oder auch mit dem Nichtessen – der Kinder auftreten. Längst sind in unseren geographischen Breiten die Zeiten des Mangels vorbei. Die Fleischtöpfe sind gut gefüllt, sogar überfüllt. Das Angebot im Supermarkt ist so riesig, daß man sich heute beim Einkauf für ein paar wenige Lebensmittel und gegen Tausende anderer entscheiden muß. So etwas gab es in der Ernährungsgeschichte der Menschheit noch nie. Neu sind auch die vielen technischen Möglichkeiten, Lebensmittel haltbar zu machen, aufzubewahren und zuzubereiten. Sinnvolle Resteverwendung oder aufwendige Sterilisiermethoden, wie sie unsere Großmütter in Haushaltungskursen lernten, sind überflüssig geworden. Fast zwei Drittel der gekauften Nahrung sind heute »Designfood«, das heißt, sie stammen aus der Industrieküche. Augenfällig ist die unübersehbare Palette an Kleinkinderkost; Breipulver, Milchzusätze, Gläschen, Getränke. Schon kleine Kids schreiben ihren Eltern heute vor, welche Sorte Frühstücksflocken oder welcher Brotaufstrich eingekauft werden muß.

Und Jugendliche demonstrieren ihr Erwachsenwerden (oder was sie dafür halten), indem sie wie die Großen beim Italiener Pizza essen gehen oder häufiger einen Big-Mac vertilgen. Die Eltern reagieren auf diese Entwicklung ziemlich ratlos. Rezepte von gestern funktionieren nicht mehr. Wo die Teller randvoll gefüllt werden können, sind Sprüche wie »Man ißt den Teller leer« sinnlos. Und angesichts des breiten, verführerischen Angebots aus der Kühltruhe und vom Kiosk erscheint die Aufforderung »Es wird gegessen, was auf den Tisch kommt« geradezu lächerlich.

Eltern, die dennoch versuchen, ihren Kindern ein einigermaßen vernünftiges Eßverhalten beizubringen, haben's nicht leicht. Oft genug kommen ihnen dabei ihre eigene Erziehung und die Erfahrungen aus der Kindheit in die Quere. Vor allem wenn es darum geht, im Familienalltag spontan, improvisiert und schnell zu reagieren. Da verfallen wir Eltern leicht in vorgestrige Muster, die eigentlich als abgehakt galten. Im schlimmsten Fall endet das in nervtötenden Machtkämpfen zwischen Eltern und Kindern.

Ziel dieses Buches ist es, Ihnen, liebe Eltern, diese Fallen anschaulich vor Augen zu führen und Auswege zu zeigen. Dies im ersten Kapitel, nach einer kurzen Einführung, in der ich Sie einstimmen möchte aufs Thema Ernährungsverhalten und wie es sich in den letzten Jahren verändert hat.

Das zweite Kapitel folgt chronologisch der Entwicklung des Kindes, vom Säugling bis zum Jugendlichen. Jede Altersstufe hat, was die Ernährung betrifft, so ihre Tücken und Klippen. Sie finden in diesen sechs Abschnitten Ratschläge und Anregungen für den Stillerfolg, für die ersten Löffelmahlzeiten, zum Thema Tischmanieren, Zwischenmahlzeiten und den Umgang mit Werbung und Fast Food.

Ein ausführliches Interview mit der an der Universitäts-Kinderklinik Zürich tätigen Ernährungsberaterin Marianne Honegger soll Ihnen im dritten Kapitel Auskunft geben über Konkretes: Übergewicht, Zusatzstoffe,

Vitalstoffzufuhr, Diäten, Süßigkeiten, Vorlieben und Abneigungen.
Im Anhang finden Sie Ernährungspläne für drei- bis sechsjährige bzw. acht- bis zwölfjährige Kinder sowie eine Gewichtstabelle. Dazu eine Bücherliste und ein Stichwortverzeichnis, damit Sie schneller fündig werden.

1. Kapitel

Erziehungsstile und Konflikte rund ums Essen

Einführung

Essen ist mehr als Futtern

»Wenn die Menschen den Hunger besiegt haben, dann wird ihnen das Essen zum Problem«, schrieb die Publizistin Barbara Sichtermann vor rund fünfzehn Jahren. Das stimmt heute genauso wie damals. Wer macht sich in unserer Überflußgesellschaft denn schon Gedanken darüber, daß man ißt? Wichtig ist heute, *was* man ißt. Das zeigen allein schon die zahllosen Büchertitel, die Diäten in jeglicher Form anpreisen; die tägliche Flut von Informationen in Funk und Fernsehen über richtige und gesunde Ernährung; die Beliebtheit von Kochsendungen mit Prominenten. Der medizinische und ökologische Aspekt der Nahrung ist für viele von uns zum wichtigen Gesprächsthema geworden.

Doch die Menge an verfügbarer Information über Ernährung steht im krassen Gegensatz zum tatsächlichen Verhalten. Es gibt mehr übergewichtige Kinder und Erwachsene als je zuvor. Krankheiten als Folge falscher Ernährung wie Diabetes, Bluthochdruck, Arteriosklerose oder Eßstörungen wie Magersucht und Bulimie treten immer häufiger auf. Die Kosten für die »Reparaturen« solcher Erkrankungen übersteigen die 30-Milliarden Mark-Grenze pro Jahr! Der Widerspruch zur sogenannten »Fitness-Welle« ist eklatant.

Woran liegt das? Eine mögliche Antwort findet sich in der Trägheit von überkommenen Verhaltensmustern. Während unsere Vorfahren täglich schwer körperlich arbeiteten, futtern wir heute fast sowiel wie sie, obschon der größte Teil der werktätigen Bevölkerung im Büro sitzt und viel weniger Energie verbraucht. Die Eßgewohnheiten haben sich also nicht im selben Tempo verändert wie die Gesellschaft.

Eine zweite Antwort ergibt sich aus der Überlegung, daß Essen mehr ist als Nahrungs- und Energiezufuhr. Zunächst einmal drückt das Essen auch Genuß und Lebensfreude aus. Wenn wir Feste feiern – und da unterscheiden wir uns nicht von unseren Vorfahren – gehört das Festessen dazu. Eine Hochzeit ohne Hochzeitsessen – welch' triste Angelegenheit!

Und wie könnte man, im umgekehrten Fall, eine Beerdigung ohne stärkendes Leichenmahl überstehen?

Geschäftsabschlüsse werden im Restaurant gefeiert, Karrieren mittels Einladungen zum Essen befördert, Politiker und Diplomatinnen treffen sich zum Staatsbankett. Die damit verbundenen Rituale, Zeremonien, Tischordnungen und Speisenfolgen knüpfen mit am sozialen und politischen Netz, das wir alle zu unserer Sicherheit brauchen.

Es wird dabei auch Macht demonstriert, in früheren Zeiten noch mehr als heute. Da war zum Beispiel die Zuteilung des Essens. Die wertvollen Mitglieder der Gesellschaft oder der Familie bekamen das größere Stück Fleisch oder eine zweite Portion. Gut genährt zu sein, ja sogar dick, hieß früher: gut gestellt und wohlhabend.

Heute funktioniert es gerade umgekehrt. Übergewicht gilt als Zeichen mangelnder Disziplin bzw. Zügellosigkeit und Willenstärke. Schlank zu sein ist dagegen das Merkmal von Erfolg und Macht. Wer es sich leisten kann, kontrolliert seinen Körper und ißt nur wenig. Dieser soziale Druck wurde bis vor kurzem vorwiegend von jungen Frauen aufgefangen und in Form von Magersucht

und Bulimie ausgelebt. Nun wird bekannt, daß auch Männer, die auf der Karriereleiter nach oben wollen, sich diesem Diktat genauso beugen müssen. Nur wer seinen schlanken, durchtrainierten Körper voll im Griff hat, qualifiziert sich als Führungskraft.
Eßgenuß? Nein, danke.

Nichts hat unser Reden übers Essen in den letzten Jahren aber so nachhaltig beeinflußt, wie das Denken in Kalorien. Der pure Nährwert der Nahrung ist zum zentralen Punkt geworden: Ob etwas dick macht oder nicht, »weiß« heute jedes kleine Kind.

So berichtet der Ernährungswissenschaftler Volker Pudel über eine Studie in Deutschland, in der Kinder bis 16 Jahre gebeten wurden, Lebensmittel in Gruppen einzuteilen. Kriterien waren »dick machend«, »stark machend«, »gesund«, »sehr beliebt«. Das Ergebnis: Alles, was bei Kindern sehr beliebt ist, wie Cola, Hamburger, Schokolade und Pudding, wurde in die Gruppe »dick machend« und »ungesund« eingeteilt. Unverkennbar, wie stark die Moral der Eltern auf die Kinder durchschlägt. Es gibt »gute« und »schlechte« Nahrungsmittel, solche, die man bedenkenlos und auch in großen Mengen essen »darf« (die schmecken nicht so gut) und solche, von denen man am besten die Finger läßt. »Eßsünden« rächen sich früher oder später.

Mit dem Argument, dies und das sei ungesund, wird einem der Genuß gründlich verdorben; das Lustprinzip, das dem Essen von Geburt an innewohnt, wird negiert. Der Mensch lernt von klein auf, daß sattes Wohlbehagen seinen Preis hat, zum Beispiel ein schlechtes Gewissen oder Frustration. Naomi Wolf schreibt in ihrem Buch »Mythos Schönheit«, daß in den USA bereits neunjährige Mädchen mit ihrer ersten Diät anfangen oder zumindest von den Eltern dazu angehalten werden, auf ihre Figur zu achten. Wenn Liebe durch den Magen geht, muß sie ziemlich bitter schmecken.

Jedenfalls drängt sich einem dieser Schluß auf angesichts der vielen Menschen mit ernährungsbedingten Problemen.

Zur gleichen Zeit befindet sich die traditionelle Familie in Auflösung. Die Tischgemeinschaft als Vermittlungsort für soziales Verhalten und Eßkultur scheint zu verschwinden. Zahlen aus Deutschland belegen, daß während der (Arbeits)woche eine Familienmahlzeit zur Seltenheit geworden ist. Aus der Sicht der meisten Ernährungsfachleute ist das bedenklich. Wo denn, so fragen sie, sollen Kinder heutzutage noch auf selbstverständliche Art lernen, wie man ißt und was eine ausgewogene Mahlzeit ist? Nicht nur das: Wo erleben Kinder die Familie als Ort des Gesprächs, des Austauschs, der Geborgenheit, wenn nicht bei Tisch? Immerhin: das gemeinsame Sonntagsfrühstück scheint sich zu halten. Auch das belegen Untersuchungen.

Es könnte ja sein, daß die Trägheit der Verhaltensmuster sich hier als gut erweist. Flexible Essenszeiten, Selbstbedienung aus dem Kühlschrank oder der schnelle Food von der Imbißbude befriedigen auf die Dauer aber nicht so wie das gemeinsame Kochen und Essen mit Freunden. Letzteres, so meldet das Deutsche Jugendforschungsinstitut aus München, ist der neueste Trend bei Jugendlichen.

Was das Verhalten der Eltern mit der Erziehung ihrer Kinder zu tun hat

Bis heute gibt es weder die »dipl. Eltern«, noch wird bei akutem Kinderwunsch der Besuch eines Erziehungsgrundkurses verlangt. Weil auch in der Schule oder an der Uni keinerlei Kenntnisse über Kindererziehung vermittelt werden (außer für Profis), liegt die Aufzucht des Nachwuchses zwangsläufig in den Händen von uns Laien. Mehr oder weniger geduldig, mit viel oder wenig Talent, dafür mit den besten Absichten, tun wir unsere Pflicht als Eltern.

Doch auch wenn wir uns noch so viel Mühe geben: In die Art und Weise, wie wir mit unseren Kindern umgehen, spielt immer unsere eigene Erfahrung mit hinein: Wir waren eben selber einmal Kinder und wurden von unseren Eltern erzogen. Besonders wenn wir schimpfen oder tadeln, überfällt's uns mitunter heiß: O-ton von Muttern!

In unserem seelischen Gepäck führen wir aus unserer Kindheit allerhand mit: erlerntes soziales Verhalten, Vorlieben und Abneigungen, Werturteile und Schuldgefühle, Umgangsformen und ein Grundmuster unseres Gefühlshaushalts. Und das alles ist nicht schön wohlgeordnet eingepackt worden, sondern liegt in wirrem Durcheinander im Seelenkoffer.

Auf der Suche nach dem Grund für ein Schuldgefühl erwischen wir unversehens den Zipfel einer Konfliktstrategie. Ob wir damit gut bestückt durchs Leben gehen oder immer wieder darüber stolpern werden, läßt sich nicht mit Sicherheit voraussagen. Was aber feststeht, ist, daß mit der Gründung einer Familie die Wahrscheinlichkeit, an Ecken und Kanten anzustoßen, radikal ansteigt. Kinder zwingen ihre Eltern zum Wühlen im »Koffer«, und das kann der Selbsterkenntnis von Mama und Papa sehr förderlich sein.

Doch das ist ein langer Prozeß. Und manche Eltern führen jahrelang einen Kleinkrieg mit ihren Sprößlingen, zum Beispiel am Mittagstisch, bevor sich der Aha-Effekt einstellt. Mit Sicherheit ist es von Vorteil, ein bißchen früher mit der Selbsterkenntnis anzufangen, jedenfalls bevor die Nerven ganz zerrüttet sind.

Nützlich ist die Beschäftigung mit dem Erziehungsstil, der in der Familie herrscht. In den meisten Fällen ist er Produkt unbewußter Einstellungen und Verhaltensweisen der Eltern, die sie von ihren eigenen Eltern übernommen haben.

In den folgenden drei Abschnitten schildere ich anhand von Beispielen, wie sich verschiedene Erziehungsstile auf Probleme rund ums Essen auswirken. Sie als Eltern haben bei der Lektüre Gelegenheit herauszufinden, welchen Stil sie vornehmlich leben: einen autoritären, gewährenden oder partnerschaftlichen. Jeder hat seine Vor- und Nachteile, jeder seine Tücken und Fallen.

Die Autoritären

»Es wird gegessen, was auf den Tisch kommt!«

»Bei uns zuhause gab's nur Bircher-Benner-Kost«, erzählt die heute 46jährige Fanny. »Viel rohes Gemüse, Früchte, Getreide und Müsli. Mutter hielt uns ständig Vorträge, daß Schokolade des Teufels sei, überhaupt alles, was mit Zucker irgendwas zu tun hat.« Fanny und ihre Schwestern gierten heftig, aber vergeblich nach Kaugummi und Schokoladenriegeln, die so verführerisch am Bahnhofskiosk auslagen. »Es war hart für uns, die strenge Zucht unserer Eltern in bezug aufs Essen auszuhalten«, sagt Fanny heute. Kaum bekamen die Mädchen Taschengeld, wurde heimlich und schuldbewußt Süßes eingekauft. Die Folgen waren nachhaltig: Nur Fanny hat ein einigermaßen normales Verhältnis zum Essen. Ihre Schwestern kämpfen abwechslungsweise mit Übergewicht und Diäten.

Werner, heute Mitte vierzig, mußte als Kind die dicke Mehlsuppe, vor der es ihn bis zum Würgen ekelte, essen. Wenn er nicht bei Tisch aß, wurde sie ihm immer wieder aufgetischt – bis er sie hinunterwürgte. Die etwa gleichaltrige Angelika erzählt, wie sie im Urlaub von ihrer Tante gezwungen wurde, eine Minestrone mit Käse zu essen. Obwohl sie nur schon den Geruch von Käse verabscheute, hatte ihr die Tante den Parmesan über die Suppe gestreut. Angelika mußte den Nachmittag in ihrem Zimmer verbringen und löffelte die Minestrone mit den kalten Käseklumpen geschlossenen Auges aus.

So streng und unnachgiebig haben wohl einige von uns ihre Eltern vor dreißig, vierzig Jahren erlebt. Dieses autoritäre Verhalten in der Familie war damals das Spiegelbild der gesellschaftlichen Verhältnisse im Maßstab eins zu eins. Es hat eine lange Tradition, wie die Memoiren der Schweizer Schriftstellerin und Frauenrechtlerin Meta von Salis aus dem 19. Jahrhundert zeigen. Sie beschreibt, wie sie von ihrem Vater, einem für seine Zeit fortschrittlichen und an Gesundheitsfragen überdurchschnittlich interessierten Pädagogen, gezwungen wurde, gesund zu essen. »Da befand sich unter unsren zahlreichen Gemüsen eins von Papas Lieblingen: der Topinambur . . ., der meinen Abscheu ausmachte. Weder Papas vor Erregung zitternde Hand, noch Mamas Zureden, noch meiner Schwester beschwörende Blicke vermochten mich, die silberigen Knollen zum Mund zu führen.« Die kleine Meta bekam das Aufgewärmte zum Nachmittagskaffee und zum Abendbrot serviert – und sie durfte erst vom andern haben, wenn sie es gegessen hatte. Der Vater seinerseits erzählte, wie er als kleiner Junge einmal die Kartoffeln, die ihm sein Hauslehrer aufgezwungen hatte, die ganze Nacht im Mund behalten mußte.

Zur selben Zeit, etwa um die Mitte des 19. Jahrhunderts, schrieb Dr. Heinrich Hoffmann den »Struwwelpeter«. Das Schicksal des »Suppenkaspars«, der seine Suppe nicht essen mag und zur Strafe nach fünf Tagen verhungert, illustriert treffend die (sadistischen) Praktiken der Eltern gegenüber den Kindern: Der Wille der Eltern, die Familienregeln gelten so absolut, daß im Extremfall sogar der Tod des Kindes in Kauf genommen wird.

Das mag in modernen Ohren brutal klingen. Die Beispiele, die ich zu Anfang geschildert habe, zeigen jedoch, daß sich dieses Denken über zwei, drei Generationen fortgesetzt hat. Und es hält sich immer noch hartnäckig, wenn auch in subtilerer Form, in den Köpfen der heutigen Eltern, die solches in ihrer eigenen Kindheit erlebt und nicht hinterfragt haben.

So schüttelt zum Beispiel Paulas Mutter jedesmal mißbilligend den Kopf, wenn Paula ihr Baby an die Brust legt, ohne zuvor auf die Uhr zu sehen. Als Paula ein Baby war, wurde sie streng nach Stundenplan gestillt. Ausnahmen gab's nicht, auch wenn sie sich die Seele aus dem Leib schrie.

Der mütterliche Tadel nagt an Paula und verunsichert sie: Was, wenn sie ihr Kind zu sehr verwöhnt? Was, wenn sich der Stillrhythmus nicht einpendelt?

Obschon seit langem bekannt ist, daß das Stillen oder Füttern eines Säuglings nach Bedarf (also dann, wenn das Baby wirklich hungrig ist) für das Kind und die elterliche Beziehung zu ihm am besten ist, gibt es immer noch Ärzte, Kliniken, Ratgeber und Großmütter, die mit Erziehung schon zu diesem Zeitpunkt beginnen wollen.

Mit der Drohung, das Kind werde sonst verwöhnt und zum Tyrannen, sollen Eltern ihr Baby so früh als möglich nur zu festen Zeiten füttern. Damit verbunden ist die vorzeitige körperliche Trennung von Kind und Eltern, eine Rationierung der sinnlich vermittelten Zuwendung und des Vertrauens.

Und das ist nur der Anfang von mehreren aufeinander folgenden Dressurakten, die übers Essen laufen. Auf der nächsten Altersstufe geht's um den Zwang beim Füttern mit dem Löffel.

»Ein Löffelchen für Tante Berta, ein Löffelchen für Onkel Fritz... nun komm schon, noch eins für Papa und...«. Obwohl Klein-Emma sich längst aus Leibeskräften gegen die Zwangsfütterung wehrt, weil sie schlicht und einfach keinen Hunger mehr hat, wird ihr doch Löffel um Löffel des gesunden Gemüsebreis eingetrichtert.

Vordergründig geht es den Eltern ja darum, daß sie es »nur gut meinen« mit ihrem Kind. Man nimmt dann mit derselben Begründung einen Meßlöffel mehr Milchpulver für die Flasche, als in der Anleitung empfohlen. Man besteht entschieden darauf, daß der Gemüseteller leergegessen wird, weil er gesund ist. Man spielt nicht mit dem Essen, man trödelt nicht, man schlingt aber auch nicht, man schläft beim Stillen nicht ein, man wartet, bis alle fertig sind – eine unendliche Kette von Sollen und Müssen.

Die Sorge der Eltern um das Wohlergehen ihres Kindes ist zwar verständlich, denn Nahrung und Füttern spielen beim Säugling und Kleinkind eine wichtige Rolle. Die Eltern dürfen zudem aktiv sein, etwas tun: Sie können dem Kind etwas geben, was es zum Leben und Wachsen braucht. Babys, die gut zunehmen, Kleinkinder mit runden Wangen, machen Eltern glücklich. Sie liefern den Beweis dafür, daß sie richtig gepflegt und gut ernährt werden.

Umgekehrt können schwierige Kinder, die viel spukken, die in den Augen ihrer Eltern schlechte Esser sind, enorm verunsichern, ja Aggressionen wecken. Sie »belohnen« Mamis und Papis Bemühungen nicht oder nur schlecht. Eltern reagieren darauf mit noch mehr Fürsorge, noch mehr Kontrolle.

Verzweifelt und wütend verlieren sie schließlich den Blick für die richtigen Proportionen. Das Eßproblem nimmt ein Ausmaß an, das den Alltag zunehmend überschattet. Und am Ende wird am Tisch erbittert gekämpft, um jeden Bissen.

Hier werden Grenzen überschritten, und es besteht sogar die Gefahr von Mißhandlungen. Ein Beispiel: Eine

Frau aus strengem Elternhaus heiratete in ein kleines Dorf, und zwar den Sohn und Erben einer Metzgersfamilie mit eigenem Geschäft. Alle wohnten im gleichen Haus, wenn auch in verschiedenen Wohnungen. Die junge Frau bekam einen Sohn, der oft weinte und schlecht trank, eine starke Belastung für die Mutter, deren Schuldgefühle entsprechend wuchsen. Niemand hatte Zeit, ihr unter die Arme zu greifen oder das Kind zu hüten, weil alle im Geschäft viel zu tun hatten. Sie wagte auch nicht, darum zu bitten – was hatte sie denn schon den ganzen Tag zu tun? Als der kleine endlich im Kinderstuhl sitzen konnte und mit dem Löffel aß, ertrug es die Mutter nicht mehr, daß der Junge kleckerte. In ihrer Verzweiflung schlug sie das Kind immer wieder, weil es, wie sie sagte, »nicht schön essen wollte«. Daß Kleckern in diesem Alter völlig normal ist, entzog sich ihrer Einsicht.

Der Druck der Umgebung und das Bedürfnis der jungen Frau, ein perfektes Kind vorzeigen zu können, führte dazu, daß die eigentlichen Bedürfnisse des Kindes völlig außer acht gerieten. Das ist genau dasselbe wie bei den Eltern von annodazumal.

Zum bewährten Arsenal der autoritären Erziehung gehören Belohnung und Strafe. Bequem und effizient geht das übers Essen: Für Wohlverhalten gibt's Schokolade oder Süßigkeiten, Ungehorsam wird mit Essensentzug bestraft.

»Und du gehst ohne Abendbrot ins Bett!« – ein vielgesprochener Satz in diesen Familien.

Beinahe überflüssig zu sagen, daß ein solches Verhalten sehr problematisch ist. Essen bzw. Hunger erhält einen moralischen Anstrich. Mit erzwungenem Fasten wird ein Vergehen gebüßt, und mit Essen (bevorzugt Süßem) wird gutes Benehmen oder eine Hilfeleistung belohnt. Kinder lernen dadurch, gute oder schlechte Gefühle und bestimmte Verhaltensweisen mit Essen oder Hunger zu koppeln.

Bestrafung erzeugt Ohnmacht, Belohnung erhöht den Druck zur Anpassung. Letztlich ein untaugliches Mittel, Kindern ein unbelastetes, natürliches Verhältnis zum Essen zu ermöglichen. Die mit der Nahrung verknüpften Lust- und Unlustgefühle haben die Neigung, sich zu verselbständigen. Und irgendwann wird Essen zum Ersatz, zum Trost bei Frust, Ärger, Langeweile. Ähnlich wie Fernsehen zur Entspannung gebraucht wird, verlangt der Körper nach dem tollen Schokogeschmack im Pudding, um die schlechte Note oder den Streit mit der besten Freundin erträglich zu machen. Zu recht spricht man bei übergewichtigen Menschen davon, daß sie sich ein dickes Fell anessen mußten.

Ein weiteres beliebtes Steckenpferd bei Eltern mit autoritärem Hintergrund sind die Tischmanieren der Kinder. Da wird bei jeder Mahlzeit darauf herumgeritten: »Iß nicht mit den Fingern!« »Benutze Messer und Gabel!« »Sitz gerade!« In etlichen Familien gerät das Essen so zum Streß. Und die hartnäckigen Ermahnungen der Eltern verhindern wiederum, daß die Tischgemeinschaft zu einem Ort positiver Erfahrung wird. Manieren dienen letztlich dazu, lustvolle und körperlich-sinnliche Gefühle zurückzubinden. Zudem sind sie kulturell unterschiedlich. Daß lautes Schmatzen und Rülpsen an der chinesischen Tafel ein Kompliment an Köchin, Koch und Gastgeber sind, bei uns jedoch die Peinlichkeitsschwelle überschreiten – dies zu wissen relativiert doch einiges.

Noch einmal: Merkmale autoritären Verhaltens sind das Festhalten an überlieferten Regeln, an Sätzen und Meinungen, die oft nur noch Hülsen sind und an der Logik der kindlichen Entwicklung vorbeigehen.

Machtdemonstrationen am Familientisch führen zudem oft zu erbitterten Machtkämpfen und verhindern, daß Kinder einen Umgang mit Nahrung erlernen, den man als »Hunger stillen mit Genuß« umschreiben könnte.

Tips und Anregungen

– Wenn Sie die Tischgemeinschaft Ihrer Herkunftsfamilie vergleichen mit Ihrer aktuellen Familie, welche Unterschiede gibt es? Sind die Übereinstimmungen größer als die Unterschiede?

– Fühlen Sie sich wohl, wenn Sie mit Ihrer Familie zusammen essen?

– Sorgen Sie sich häufig darum, daß Ihr Kind genug ißt?

– Benutzen Sie oft stereotype Anweisungen wie »Der Teller wird leergegessen« oder »Es wird alles gegessen, was auf den Tisch kommt?«

– Finden Sie, Ihre Kinder sollten Dankbarkeit zeigen für Ihre Küchendienste und Menüzusammenstellungen?

– Steht das Thema Essen oft im Mittelpunkt, wenn Sie mit Ihrer Familie am Tisch sitzen?

– Streiten Sie sich mit Ihren Kindern darüber, daß von allem versucht wird?

– Waren oder sind Sie zufrieden mit Ihrem Kind im Babyalter?

Falls Sie bereits mitten im Machtkampf stecken, machen Sie folgende Versuche:

– Sammeln Sie ein paar Tage lang schriftlich alle Eigenschaften und Verhaltensweisen, überhaupt alles, was Sie als positiv in Ihrer Familie empfinden. Das Essen lassen Sie dabei aus. Die guten Gefühle, die Sie dabei für sich und die Ihren spüren und entwickeln, lösen die Negativspirale beim Essen und relativieren die Probleme.

– Informieren Sie sich genauer über das Verhalten von Kindern beim Essen. Lesen Sie die betreffenden Abschnitte im nächsten Kapitel.

– Überlegen Sie einmal Punkt für Punkt, was Sie beim Essen mit Ihren Kindern stört. Dann fragen Sie sich bei jedem »Störfaktor«, wie Sie darauf reagieren und warum er sie dermaßen stört. Oft verstärken Eltern ein Verhalten Ihrer Kinder, indem sie sehr stark darauf reagieren.

– Versuchen Sie, die große Aufmerksamkeit, die der Machtkampf beim Essen in Ihrer Familie hat, mit einer anderen gemeinsamen Aktivität zu relativieren: abends Spiele machen, zusammen regelmäßig schwimmen gehen oder radfahren. Lassen Sie Ihrer Kreativität freien Raum.

– Denken Sie daran: Machtkämpfe finden ohne mindestens zwei Parteien nicht statt. Sie, die Eltern, sind also die eine Partei.

Die Gewährenden

»Mein Kind weiß am besten, was ihm bekommt«

Maria, 42, hat aus erster Ehe zwei fast erwachsene Kinder. Mit ihrem zweiten Mann hat sie eine Tochter, Veronique, 7. Maria ißt am liebsten chinesisch, und so hat sie fürs Abendbrot schon einen ganzen Berg Gemüse feingeschnitten und die Hühnerstücke mariniert. Veronique stürmt in die Küche: »Chinesisch? Schon wieder?« sagt sie und rümpft die Nase. »Darf ich Lukas und Martin zum Essen einladen?« fragt sie. Sicher dürfe sie das, meint Maria und erkundigt sich, ob sie ihr denn lieber Spaghetti kochen solle. Vielleicht, so denkt sich Maria, ist das viele Gewürz im chinesischen Essen gar nicht so gesund für Kinder. Und überhaupt, Spaghetti machen fast keine Arbeit.

Eine halbe Stunde später: Veronique, Martin und Lukas erscheinen zum Essen. Die beiden Jungen mögen auch nicht chinesisch essen. Lukas nimmt von den Spaghetti, die Martin aber verabscheut. Maria wärmt für ihn, ohne mit der Wimper zu zucken, Kartoffelbrei mit Gulasch vom Vortag auf. Martin ist begeistert.

Seine Mutter Anna überhaupt nicht: »Während ich mich bemühe, gesund und abwechslungsreich zu kochen und meine Kinder dazu zu erziehen, daß sie von allem essen, torpediert Maria alles«, klagt sie.

Ein extremes Beispiel? Nicht unbedingt. Eltern, die einen sehr largen, gewährenden Erziehungsstil auch in

Sachen Essen pflegen, handeln nicht immer nur aus schlechtem Gewissen. Viele reagieren auf ihre eigenen Kindheitserfahrungen in einem autoritären Elternhaus nach dem Motto: »Das will ich meinen Kindern bestimmt nicht antun.«

Autoritäre Erziehung hat den Nachteil, daß man nicht lernt, eine Auseinandersetzung konstruktiv zu führen. Das verunsichert nachhaltig. Menschen, die in ihrer Kindheit Konflikte sehr negativ erlebt haben, versuchen diese als Erwachsene möglichst zu meiden.

Beim Eßverhalten von Kindern hat das mitunter groteske Folgen. Jakob zum Beispiel, heute ein wohlgenährter zwölfjähriger Junge, entdeckte vor Jahren, daß Trokkenreis mit Mayonnaise viel besser schmeckt als ohne. Seine Eltern ließen ihn gewähren, froh darum, daß Jakob wenigstens etwas richtig schmeckte. Irgendwann fanden sie dann doch, ihr Sohn könnte von den anderen leckeren Sachen auf dem Tisch essen und verhängten ein Mayonnaise-Verbot. Jakob quittierte es mit Essensverweigerung und heftigen Wutanfällen, bei denen ab und zu die Teller flogen. Mit dem Ergebnis, daß die Eltern klein beigaben.

Jakob entwickelte später einige ähnliche Eßmarotten und ernährt sich heute vorwiegend von cremigen (und kalorienreichen) Speisen. Auch ist er von klein auf an Leckereien zwischendurch gewöhnt: am Nachmittag durfte er sich schon als Knirps eine ganze Schachtel Kekse einverleiben.

Wie viele andere auch verwechseln Jakobs Eltern antiautoritäre Erziehung mit Grenzenlosigkeit. Zur Erklärung hilft folgender Vergleich: Streng autoritäre Erziehung beruht darauf, daß von den Eltern aufgestellte Regeln für alle und ohne Ausnahme gelten. Die Eltern sind die Instanz, die die Regeln aufstellt. Hinter den Regeln muß keine Logik stehen. Das Motto lautet: »Du tust etwas, weil ich es will.«

»Autoritätsgeschädigte« folgern, antiautoritär bedeute, daß es am besten ohne Regeln geht. Von Fall zu Fall würden sie von den Kindern oder von den Eltern aufgestellt. Das ist ein Mißverständnis. Nicht einmal im legendären Summerhill, wo die antiautoritäre Erziehung quasi erfunden und gelebt wurde, war das so. Kinder sind überfordert, wenn sie einfach alles dürfen.

Im Zusammenhang mit dem Essen nennt die Autorin Annelies Furtmayr dies »Pseudonatürlichkeit«.

Wenn man ein Kind, so diese Auffassung, nur wählen ließe, was es gern essen möchte, würde es sich gesund ernähren. Der Körper sende von selber die richtigen Signale aus, welche Vitamine oder Spurenelemente er benötigt. »Mein Kind weiß am besten, was ihm bekommt«, heißt es. Das ist falsch. Eßtagebücher zeigen nämlich, daß Kinder ganze Mahlzeiten auslassen, wenn man sich nicht mit ihnen zu bestimmten Zeiten an den Tisch setzt. Früchte oder andere Vitamin- und Ballaststoffspender fehlen ganz. Die körperliche Entwicklung verlangsamt sich in einem Maß, daß zum Beispiel 10jährige als 6jährige durchgehen.

Die Selbstregulation des Kindes funktioniert, soweit man das heute aus der Forschung weiß, nur bei der Menge. Eine aktuelle Studie der Universität von Illinois hat gezeigt, daß drei- bis fünfjährige Kinder ihren Kalorienbedarf selbständig regeln, wenn man sie läßt.

Eltern können, wie das beim autoritären Erziehungsstil gezeigt wurde, auch zuviel Einfluß nehmen, d. h. die Kinder durch Drohungen oder In-Aussicht-Stellen eines Nachtisches dazu zwingen, den Teller leer zu essen. Damit bescheren sie ihrem Nachwuchs unter Umständen lediglich Übergewicht. Und als Erwachsene müssen die-

se dann mühsam lernen, ihr Sättigungsgefühl wahrzunehmen.
Auch Kinder überschreiten Grenzen – wenn man es zuläßt. In einer Familiensendung des Schweizer Radios schilderte die Mutter eines Jugendlichen, wie sie manchmal mitten in der Nacht von ihrem Sohn geweckt und gedrängt werde, für ihn und seine Freunde Spaghetti zu kochen. Sie tut es, weil sie Angst vor der Gewalttätigkeit der Halbwüchsigen hat. Sicher ein sehr außergewöhnliches Beispiel. Aber ähnlich kann es Eltern kleinerer Kinder ergehen, die Proteste, Wutanfälle oder Frustration schlecht ertragen. Natürlich lassen sich solche Unmutsäußerungen eher vermeiden, indem man möglichst oft die Lieblingsspeise auftischt.

Ohnmacht der Eltern, Angst vor Konflikten, krampfhaftes Vermeiden von Frustrationen beim Kind führen ebenso in die Sackgasse wie die autoritäre Haltung. Die Eltern laufen Gefahr, ihre eigenen (berechtigten) Bedürfnisse nicht mehr wahrzunehmen. Sie fühlen sich ausgebeutet, vergleichbar mit Dienstboten, denen keine Freizeit gegönnt und kein Lob gespendet wird. Im Glauben, ihrem Kind Gutes zu tun, führen sie das »Hotel Mama« perfekt.

Besonders Mütter sind anfällig für diesen gewährenden Erziehungsstil. Denn es gehört zum gängigen Mutterbild, daß Mütter nachgiebig und nachsichtig sind. Mütter müssen nach der Babyphase auch lernen, ihr Kind loszulassen und es als eigenständige Person zu sehen. Diesen Schritt zu tun, ist gar nicht so einfach. Er fällt Vätern, die ihr Kind weniger innig körperlich erleben, leichter.

Mütter neigen auch dazu, Essen mit Gefühlen aufzuladen. Sie erleben zum Beispiel hautnah, wie zufrieden ein sattes Kind ist. Und sie sind ja die »Urheberinnen« dieser

Zufriedenheit. Das ist verführerisch, kann man doch diesen Zustand mit Nahrung fast beliebig wiederholen. Welche Mutter hätte noch nie ihrem Kind die Saftflasche, einen Keks oder ein Stück Schokolade angeboten, um in Ruhe eine Arbeit zuende zu bringen?

Auf der andern Seite fühlen sich Mütter persönlich zurückgewiesen, ja gekränkt, wenn ihr Kind das Essen nicht mag, das sie mit so viel Liebe und Zeitaufwand zubereitet haben. Kinder haben dafür feine Antennen, und sie lernen sich sehr schnell so zu verhalten, daß sie ihre Eltern nicht enttäuschen.

Hier werden ebenfalls Grenzen überschritten. Es entspricht einem schlechten Selbstbewußtsein, wenn Mütter sich die negativen Gefühle ihrer Kinder zu eigen machen. Oder wenn sie der Begeisterung der ganzen Familie über eine Mahlzeit bedürfen, um sich den Rest des Tages gut zu fühlen.

Mütter fühlen sich schnell einmal verantwortlich für alles Mögliche: Für die schmutzigen Strümpfe, das schlechte Benehmen und das Übergewicht ihres Kindes. Es gehört zu ihrem »Leistungsausweis«, schöne, gesunde und glückliche Kinder aufzuziehen. Hat's irgendwo einen Kratzer im Lack, fühlen sie sich als Versagerinnen und leiden unter Schuldgefühlen.

Wer kennt nicht die dramatischen Szenen zwischen Kleinkind und Mutter vor der Supermarktkasse? Auf Kinderhöhe liegen all die bunten, süßen Herrlichkeiten, die Appetit und Zähne verderben. Das Kind brüllt wie am Spieß, die Mutter hat Schweißausbrüche und fühlt die mißbilligenden Blicke der anderen Schlangesteherinnen wie tausend Nadelstiche. Zehnmal hat sie leise nein gesagt, und nun gibt sie halt nach. War das denn auch richtig? Oder schon wieder falsch? Mutter ist wütend aufs Kind, auf sich selber – leider aber nicht auf die Hersteller und die Verkäufer der Quengelware. Sie weiß: Beim nächsten Einkauf wird das Gebrüll wohl von neuem losgehen.

Fazit: Erziehung kann noch so natürlich, gewaltlos, konfliktfrei und liebevoll sein – ohne dem Kind Grenzen zu setzen, ohne Klarheit und Eindeutigkeit geht's nicht. Aufgabe der Eltern wäre es, dies wohlüberlegt und ohne Willkür zu tun.

Tips und Anregungen

– Gehören Sie zu den »Autoritätsgeschädigten«?

– Fürchten Sie sich vor Auseinandersetzungen und Konflikten?

– Ist es Ihnen sehr wichtig, daß am Tisch Harmonie herrscht?

– Fällt es Ihnen schwer, nein zu sagen?

– Gibt es in Ihrer Familie gemeinsame Mahlzeiten, bei denen alle vom gleichen Menü essen?

– Finden Sie, daß man Abneigungen und Vorlieben beim Essen unbedingt respektieren muß?

– Geben Sie sich beim Kochen besonders viel Mühe?

– Kochen Sie für sich auch mal Ihre Lieblingsspeise?

– Wer ist in Ihrer Familie zuständig für die Menüplanung, den Einkauf, das Kochen und den Abwasch?

– Dürfen Ihre Kinder sich am Kühlschrank selber bedienen?

– Stehen in Ihrer Familie die Bedürfnisse der Kinder im Vordergrund?

– Wann haben Sie und Ihre Partnerin/Ihr Partner etwas ohne die Kinder unternommen?

– Verfügen Sie über Freizeit, in der Sie tun und lassen können, was Sie möchten?

Die Partnerschaftlichen

»Was wollen wir heute zusammen kochen?«

Vera, 53, ist Mutter von Miriam, 12 und Thomas, 15. Sie ist eine gute Köchin und achtete sehr auf gesundes Essen. In ihrem großen Garten gedeiht Gemüse in Hülle und Fülle. Vera lebt getrennt von ihrem Partner und Vater der Kinder und ist vollzeitlich berufstätig. »Früher plagte mich oft das schlechte Gewissen«, sagt sie, »wenn ich für die Kinder einfach zuwenig Zeit hatte. Das kompensierte ich, indem ich sie richtiggehend bekochte, mit Lieblingsgerichten und so. Als mir dann gesunde Kost immer wichtiger wurde und die Kinder in die Pubertät kamen, meckerten sie fast über jedes Essen. Mir platzte mit der Zeit der Kragen, und ich verbat mir Diskussionen über die Menüzusammenstellung.« Soweit, so gut. Oder schlecht. Vera mußte mit Miriam und Thomas einen weiteren Lernprozeß durchmachen. Denn nur mit dem Verbot, übers Essen zu motzen, war's ja nicht getan. Vera saß immer wieder frustriert am Tisch und sah zu, wie ihre Kinder lustlos in der Hirse herumstocherten. Veras Vorschlag an einer »Familienkonferenz« brachte die Wende: Ab sofort wird die Kocherei und Planung gemeinsam gemacht! Fortan setzten sich die Drei jeden Sonntagabend zusammen und tüftelten einen ausgewogenen Menüplan für die folgende Woche heraus und verteilten das Einkaufen und das Kochen gerecht auf jede Person. »Seither gibt's wesentlich weniger Auseinandersetzungen wegen des Essens«, sagt Vera. Und sie selbst ist entlastet, von der Arbeit und von ihrem schlechten Gewissen.

Dieser partnerschaftliche Erziehungsstil, in unserem Beispiel aus der Not geboren, läßt sich auch mit kleineren Kindern praktizieren. Kinder lieben es nämlich, in die Tätigkeiten der Erwachsenen einbezogen zu werden. Sie sind begeistert, wenn man sie zur Mitarbeit animiert, besonders beim Zubereiten und Kochen des Essens. Das ist auch die Erfahrung des alleinerziehenden Patrick, 42, mit seinem Sohn Kaspar, 6,: »Seit er in der Küche mithelfen darf, beim Kartoffelschälen oder Eierschneeschlagen, ißt er viel besser als vorher. Ich denke, daß er sich bestätigt fühlt, weil ich seine Mitarbeit beim Kochen wichtig nehme und so mehr Gelegenheit als zuvor habe, ihn zu loben.«

Ähnlich geht es auch Annemarie, 39, Mutter von zwei kleinen Töchtern. Sie ist in der glücklichen Lage, einen Gemüsegarten ihr eigen zu nennen. »Meine Töchter dürfen säen, Wasser gießen und ernten. Sie sind total begeistert, wenn sie sehen, wie die Pflanzen wachsen und wie aus einer Kartoffel ganz viele werden«, sagt Annemarie. Folge: Beide Kinder essen mit Wonne Salat und Gemüse.

Zugegeben: Partnerschaftliches Verhalten und Mitbeteiligung der Kinder garantieren nicht hundertprozentig, daß von Stund' an alles gern gegessen wird, was auf den Tisch kommt. Das ist aber auch gar nicht nötig. Es leitet vielmehr einen Lernprozeß ein, an dem alle Familienmitglieder gleichermaßen beteiligt sind. Erziehung auf dieser Basis ist sicher aufwendiger, zugleich aber am kreativsten und effizientesten.

Schon kleine Kinder entwickeln ungeahnte Fähigkeiten, wenn sie ganz allein für etwas verantwortlich sind. Die teilzeitlich berufstätige Anna kommt beispielsweise einmal die Woche erst später nach Hause. Ihre beiden

Söhne, 7 und 9, sind dann zuständig fürs Abendbrot. Anna staunt manchmal nicht schlecht, wie phantasievoll die Kinder ihre Aufgabe bewältigen: »Einmal hatten sie auf einer großen Platte den Käse mit Schokoladenstücken und Tomatenschnitzen dekoriert«, erzählt sie. »Ein anderes Mal hatten sie versucht, Pfannkuchen zu machen, was dann leider schief ging. Und als sie mal feststellen mußten, daß uns Brot fehlt, sind sie einfach zur Nachbarin gegangen und haben sich welches ausgeliehen.«

Partnerschaftliche Erziehung fördert die Konfliktfähigkeit. Der sonntägliche »Familienrat« in Veras Familie, der dazu dient, den Wochenspeiseplan zu erstellen, ist zu einer richtigen Schule in Sachen Diskutieren geworden. Bewährt haben sich etwa die Grundsätze, wie sie Thomas Gordon in seiner »Familienkonferenz« dargelegt hat:

– Aktives Zuhören. Das heißt: Wenn jemand das Wort ergreift, faßt er in seinen eigenen Worten das zusammen, was sein Vorredner, seine Vorrednerin gesagt hat oder was die Meinung der ganzen Runde ist. Damit haben Mißverständnisse keine Chance.
– Ich-Botschaften. Das heißt: Es wird immer das ausgedrückt, was man selber denkt und fühlt, und nicht das, was man als Gefühle oder Meinung bei den andern vermutet.
– Und: es gibt keine Sieger und Verlierer. Das heißt: Es wird solange diskutiert, bis ein Kompromiß gefunden ist.

Dieses System ist wohl zeitintensiv, hat aber noch weitere Vorteile: Statt daß Eltern ihren Kindern Vorträge halten, zum Beispiel über gesundes Essen, reden die Eltern *mit* den Kindern. Die Meinung der Kinder wird ebenso geachtet, wie der Wissensvorsprung der Eltern als Anregung einfließen darf. Und Kinder erleben, daß eine Auseinandersetzung nicht gleichbedeutend ist mit einem schlimmen Streit. Übrigens oft auch eine neue Erfahrung für die Eltern. Regeln, die gemeinsam erarbeitet werden, haben zudem größere Chancen, eingehalten zu werden als solche, die verordnet sind. Und Kinder sind da mitunter unnachgiebiger und kritischer als selbst ihre Eltern.

Schließlich, und das ist sehr wichtig, wird das Zusammengehörigkeitsgefühl gestärkt. Man ist eine Familie. Da sind nicht zwei Parteien, die sich unversöhnlich gegenüberstehen, auf der einen Seite die Kinder und auf der anderen die Eltern. Besonders in der Pubertät entsteht diese Polarisierung häufig.

Wenn alle gleichberechtigt sind, das heißt auch gerecht verteilte Aufgaben übernehmen, hat das den Vorteil, daß das rollenspezifische Verhalten innerhalb der Familie aufgeweicht wird. Die Kinder erleben den Vater am Herd, beim Einkauf und Abwasch genauso wie die Mutter. Der Haushalt, insbesondere das zeitaufwendige Bereitstellen der Nahrung, verliert etwas den Charakter des mütterlichen rundum die Uhr verfügbaren Dienstleistungsunternehmens.

Natürlich setzt das bei Müttern voraus, daß sie loslassen und auch einmal Fünf gerade sein lassen können.

Zugegeben: Das klingt ideal und fast zu schön, um wahr zu sein. In der Realität des Familienalltags hat der partnerschaftliche Erziehungsstil auch seine Tücken. Zum Beispiel läßt er sich nicht von heute auf morgen einführen. Eltern und Kinder brauchen Zeit und auch mehrere Versuche, um in Übung zu kommen.

Familienkonferenzen müssen zum Beispiel regelmäßig stattfinden, der Termin ist für alle verbindlich. Ohne ein wenig Disziplin, Geduld und den Willen aller, am Ball zu bleiben, geht das nicht. Und auch nicht ohne Genauigkeit. Gemeinsames Kochen macht zwar Spaß, aber das Aufräumen und Putzen hinterher will im Stundenplan auch bedacht sein. Vielleicht ist jemand von der Familie nach einer Woche nicht zufrieden mit der Arbeitszuteilung. Dann gilt es, nochmal von vorne anzufangen.

Es gibt auch eine Altersgrenze. Kinder ab Schulalter sind für solche Pläne gut zu gewinnen. Die Motivation läßt sich mit viel Lob und Respekt vor der »Eigenleistung« aufrechterhalten.

Kleinere Kinder dagegen brauchen engere Grenzen und mehr Anleitung. Bei ihnen ist Spaß und Freiwilligkeit das wichtigste. Ihre »Mithilfe« beim Kochen zeigt sich zunächst so, daß die Küche wie ein Schlachtfeld aussieht. Doch was soll's? Auch Putzen und Aufräumen kann lustig sein. Kleine Kinder lernen eine Menge, wenn sie in die Haushaltsarbeit einbezogen statt in die Spielecke geschickt werden.

Tips und Anregungen

– Sind Sie experimentierfreudig? Probieren Sie gern ab und zu etwas Neues aus?

– Haben Sie einen ausgeprägten Gerechtigkeitssinn?

– Macht es Ihnen Spaß, mit Ihrer Familie gemeinsam etwas zu unternehmen?

– Finden Sie, daß die Bedürfnisse der Eltern und die der Kinder gleichermaßen wichtig sind?

– Sind Sie kompromißbereit?

– Neigen Sie zu der Ansicht, daß Frau und Mann die gleichen Fähigkeiten haben, auch in Haushaltsdingen?

– Können Sie Aufgaben delegieren?

Und noch ein Tip: Falls Sie vorhaben, Ihr Familienleben auf Partnerschaftlichkeit und Mitarbeit umzustellen, gehen Sie in kleinen Schritten vor. Zum Beispiel verteilen Sie zunächst nur die Aufgaben fürs Sonntagsfrühstück oder für den abendlichen Abwasch. Ganze Wochenpläne inklusive Einkauf sind den Fortgeschrittenen vorbehalten.

Und dies noch zum Schluß:

Die verschiedenen Erziehungsstile und ihre Varianten auf den vorherigen Seiten haben eines klar gezeigt: Wenn's in einer Familie um den Konfliktherd »Essen« geht und eine Lösung gesucht wird, kommen die Eltern nicht darum herum, einmal bei sich selber anzufangen. Sei es, indem sie sich mit ihrer eigenen Eß- und Erziehungsgeschichte befassen; indem sie ihre Phantasie spielen lassen und/oder einen Teil ihrer Freizeit investieren.

Vorbild

Das Eßverhalten und die Ernährung von Kindern hat mit Lernen zu tun. Und das Lernen hängt mit den verfügbaren Vorbildern oder Leitfiguren zusammen. Sie sind es, die Eltern, allenfalls noch Großeltern, Onkel, Tanten oder Cousinen und Cousins, die sich dazu eignen. Bevor Sie also die schrecklichen Manieren Ihres Jüngsten, die Abneigung Ihrer Tochter gegen Milch oder das hemmungslose Reinhauen Ihres Sohnes tadeln – prüfen Sie mal Ihr eigenes Eßverhalten auf seine Tauglichkeit als Vorbild. Lassen Sie Geduld und Toleranz walten, und konzentrieren Sie sich auf ein paar wenige Punkte, die Ihnen wichtig sind. Kleinigkeiten wie Händewaschen oder beim Abräumen helfen, lassen sich leichter durchsetzen als große Maßnahmepakete.

Atmosphäre

Streß in der Schule, Streit mit dem besten Freund, Aufregung vor der Geburtstagsparty – sowas kann auch Kindern auf den Magen schlagen und ihren Appetit vorübergehend mindern. Genauso schlecht für den Essensgenuß und später für die Verdauung sind Nörgeleien, Kritik und Hektik am Familientisch. Für eine entspannte und ruhige Atmosphäre können Sie sorgen, indem Sie zum Beispiel genügend Zeit für die Mahlzeiten einplanen, den Ärger im Büro Ärger sein lassen. Dafür mit der Wahl des Gesprächsthemas für Heiterkeit sorgen: die letzte »Wetten daß«-Sendung, der nächste Urlaub oder Klatschgeschichten aus Nachbarschaft und Familie sind dazu besonders geeignet.

Rituale

Kinder brauchen nicht nur Märchen, sondern auch Rituale. Besonders kleinere Kinder lieben es, wenn sich im Alltag bestimmte Tätigkeiten immer auf dieselbe Weise wiederholen. Das gilt fürs Schlafengehen genauso wie fürs Essen. Das Tischgebet oder wer das Essen ausgibt; die Früchte zum Abschluß der Hauptmahlzeit; der gemeinsame Abwasch oder die wöchentliche Lieblingsspeise: Das »Was« ist weniger wichtig als das regelmäßige »Wie«. Dazu gehören auch Feste, die mit einem Essen, vielleicht gar mit einem traditionellen Menü gefeiert werden. Kinder mögen solche Bräuche gern. Erinnern Sie sich an Weihnachten oder Ostern in Ihrer Kindheit! Gibt es Menüs oder Bräuche, die Sie in Ihrer Familie wiederbeleben möchten? Wenn nicht, erfinden Sie Ihre eigenen.

Gesundheit

Sich gesund ernähren möchten sich wohl alle. Und das ist heute möglich. Allerdings ist der Aufwand größer, als wenn man Fertigpizzas in den Ofen schiebt oder das Schlemmerfilet in der Mikrowelle gart. Um herauszufinden, wie gesund und ausgewogen Ihr aktuelles Essen ist, übernehmen Sie am besten die Methode der Ernährungsberaterin und führen eine Woche lang ein Eßprotokoll. Sie brauchen nicht alles, was Sie oder Ihre Kinder in den Mund schieben, aufs Gramm genau abzuwiegen. Aber Sie werden im Überblick schnell feststellen, ob zum Beispiel über die Hälfte Ihrer Nahrung aus Kohlehydraten besteht und zu etwa einem Drittel aus Fett (auch versecktem). Essen Sie genügend Milchprodukte, Gemüse und Obst? Kurz und gut: einen Teil Ihrer Freizeit müssen Sie hergeben, um den Speisezettel Ihrer Familie gesund zu gestalten (das gilt vor allem auch für Väter).

Geselligkeit

Laden Sie Freunde zum Essen ein, und erlauben Sie das vor allem auch Ihren Kindern! Ab und zu in größerem Kreis zu speisen, vergrößert den Erlebnis- und Erfahrungsschatz der ganzen Familie. Außerdem werden Sie staunen, wie manierlich und gesittet Ihr Nachwuchs in Gegenwart von Gästen ist. Besonders sogenannt »schlechte Esser« fallen an der erweiterten Tafel nicht mehr so unangenehm auf; ihr Eßverhalten steht also nicht mehr im Mittelpunkt. Einladungen sind auch willkommene Anlässe, partnerschaftliche Erziehung zu üben. Kinder machen begeistert mit, wenn sie in die Menüplanung, den Einkauf, das Kochen und die festliche Tischgestaltung miteinbezogen werden.

2. Kapitel

Vom Stillen bis zum Big Mac – Die Entwicklung des Kindes vom Baby bis zum Jugendlichen und das Essen

Einführung

Essen läßt sich lernen

»Die meisten Menschen glauben, weil sie von Geburt an gegessen und getrunken haben, sie könnten es«, sagte der Stuttgarter Starkoch Vincent Klink in einem Interview und fügte hinzu: »Gutes Essen und Genuß kann man lernen«. Wie recht er hat! Man kann es nicht nur lernen, man muß es sogar.

Entwicklungspsychologinnen und Ernährungswissenschaftler sprechen gar von einem eigentlichen Eßtraining, das der Mensch von Kindesbeinen an absolvieren muß. Das betrifft sowohl das Kauen fester Nahrung, als auch die Schulung der Geschmacksnerven und das soziale Verhalten bei Tisch.

Die Flut vorfabrizierter Nahrung, angereichert mit Geschmacksverstärkern und Füllstoffen hat in den letzten Jahren unseren Genuß aber nicht etwa verfeinert. Im Gegenteil: Weil solche Lebensmittel mit immerdenselben Substanzen gefertigt sind, wird unser Geschmack nivelliert. Es steht zu befürchten, daß unsere Kinder, gewöhnt an Brei- und Gläschenkost, an Tiefkühllasagne und Spaghettisauce aus dem Päckchen, den reichhaltigen Geschmack naturbelassener Nahrung oder von Frischprodukten immer weniger kennenlernen werden. Schon heute wissen Stadtkinder oft nicht mehr, daß die Milch von der Kuh und nicht vom Supermarkt kommt. Viele kennen Kirschen nicht pflückfrisch vom Baum, sondern nur noch als vermanschte Masse (mit Rote-Beete-Saft gefärbt) im Joghurt. Ist das nicht ein echter Verlust?

»Ich halte Essen und Trinken für den ältesten Kulturbeitrag der Menschheit«, sagt Vincent Klink im bereits erwähnten Interview. Und auch damit hat er recht. Die amerikanische Trendforscherin Faith Popcorn meint, alle wichtigen Veränderungen in der Geschichte und in der Zukunft begännen in der Küche. Essen ist, wie gesagt, mehr als Futtern. Das zeigt sich bereits beim Baby, das als Genußmensch zur Welt kommt. Im Prinzip sollte das ein Leben lang so bleiben – wenn nicht an entscheidenden Punkten die Weichen falsch gestellt werden. Davon soll in diesem Kapitel die Rede sein.

Das Stillen

Lust und Nahrung

Babys kommen nackt zur Welt. Hilflos und schutzbedürftig. Das meint man so. Unsichtbar für uns bringen sie aber eine Art Überlebensset mit. Einerseits eine Notration schnell verfügbarer Energie in Form eines Glykogen- und Fettspeichers in der Leber und unter der Haut.

Andererseits zwei Reflexe, die sie, kaum auf der Welt, perfekt anwenden: den Suchreflex, mit dem sie beim Berühren der Wange den Kopf drehen und die Brustwarze suchen, und den Saugreflex, der gleich die Milchproduktion bei der Mutter in Gang setzt.

Das Saugen ist ein komplizierter Vorgang. Das Kind muß mit dem Druck und Zug von Gaumen und Zunge die Brustwarze »melken«, schlucken und atmen. Und das alles gleichzeitig. Man weiß heute, daß der Saugreflex bereits ab der 12. Schwangerschaftswoche funktioniert! Auch das Schmecken durch die Zungenknospen, speziellen Nervenarealen auf der Zunge, ist so früh schon entwickelt. Es gibt Forscher, die behaupten, von daher stamme die Vorliebe der Kinder für Süßes, da das Fruchtwasser leicht süßlich schmeckt. Von Ultraschalluntersuchungen weiß man, daß Föten etwa ab der Schwangerschaftsmitte genüßlich am Daumen nuckeln.

Und das tun sie natürlich nicht aus Hunger, sondern aus Freude an der Lust, die damit verbunden ist. Der Mund ist das ursprüngliche Lustorgan des Menschen. Mit der Geburt ändert sich das keineswegs.

Beim Stillen oder Füttern mit der Flasche bekommt das Kind nicht nur schön warme, nahrhafte Milch. Genauso wichtig ist eben der Lustgewinn. Kinder behalten oft erstaunlich lang das Bedürfnis nach Saugen (viele bis ins Kindergartenalter), das sie mit Schnuller oder Saftflasche befriedigen. Solange im Fläschchen keine Fruchtsäfte oder zuckerhaltige Tees sind, ist das unbedenklich. Kinder verschaffen sich so Gefühle des Wohlbehagens, der Sattheit, der Zuwendung, Entspannung und Beruhigung.

Weil das Baby von seiner Betreuungsperson gefüttert und im Arm gehalten wird, entsteht von Beginn an eine Beziehung zwischen zwei Menschen. Und diese Beziehung ist gekoppelt mit der Nahrung. Wobei beides Nahrung ist: die Milch und die Zuwendung. Körperliche Befindlichkeit und seelische Gefühle sind beim Säugling ein und dasselbe, noch nicht voneinander getrennt wie beim erwachsenen Menschen. Hunger zum Beispiel bereitet einem Neugeborenen buchstäblich Schmerzen, und sein Weinen klingt dementsprechend!

Für ein Kind sind diese frühen Erfahrungen und Sinneseindrücke sehr wichtig. Für die Betreuungsperson, für die Mutter, die stillt oder die Flasche gibt, kann die Zeit des Fütterns die Beziehung zum Kind entscheidend fördern. Und es ist sehr zu begrüßen, wenn das Stillen und Nähren eines Säuglings nicht nur unter dem Aspekt der körperlichen Sättigung gesehen wird.

Nach einer Periode des Niedergangs ist Stillen wieder modern. Viele Geburtsklinken haben mit dem »rooming-in« (wo das Kind Tag und Nacht bei der Mutter sein kann), der besseren Schulung von Wochenbettschwestern, Hebammen und mit dem neuen Beruf der Stillberaterin die Voraussetzungen dafür geschaffen, daß die Mehrzahl der Mütter bei der Klinkentlassung ihr Kind voll stillt. Es bleibt aber eine Gruppe von Frauen, rund zehn Prozent, die aus verschiedenen, auch körperlichen Gründen nicht stillen können. Es wäre falsch, sie unter Druck zu setzen oder ihnen Schuldgefühle zu machen. Dasselbe gilt für Mütter, die sich gegen das Stillen entscheiden.

Zum Glück stirbt die Unsitte, das Neugeborene nachts oder zwischen den Stillmahlzeiten mit Zuckerlösung oder gar Milchnahrung zuzufüttern, langsam aus. Denn dies verhindert, daß die Produktion von Muttermilch voll einsetzt und Mutter und Kind einen gemeinsamen Rhythmus finden. Man muß sich das wie ein harmonisches Ping-Pong-Spiel vorstellen. Der eine spielt den Ball und wartet, bis der andere ihn wieder zurückspielt. Stillen ist eine Sache von Angebot und Nachfrage – und dabei sind beide Partner aktiv, die Mutter und das Kind. Bereits in den ersten Tagen haben Säuglinge ganz individuell verschiedene Sättigungs- und Hungergefühle. Sie bevorzugen manchmal auch eine Brust, weil da die Milch leichter fließt. Bei jeder Mutter ist die Zeit zwischen Geburt und Milcheinschuß unterschiedlich, und die Milch fließt auch nicht immer gleich üppig.

Ob es mit dem Stillen klappt oder nicht, ist also von vielen Faktoren abhängig. Fachleute meinen, es entscheide sich erst, wenn Mutter und Kind wieder zuhause sind. Die wenigsten Mütter kommen mit ihrem Neugeborenen zurück in das Nest einer Großfamilie, wo Großmutter und Tanten, Schwägerinnen und Cousinen mit Rat und Tat zur Seite stehen, bei auftretenden Schwierigkeiten helfen; wo von Muttergeneration über Muttergeneration Wissen und Erfahrung weitergegeben und selbstverständlich angewandt wird. Wer von uns heutigen Müttern könnte sagen, sie habe ihrer Mutter oder Tante beim Stillen zugesehen oder mit ihr darüber gesprochen? Wir haben keine tradierte Stillkultur mehr. Heute werden Stillanleitungen durch Fachpersonen vermittelt.

Für die meisten neugeborenen Mütter bedeutet die erste Zeit, auf sich selber gestellt zu sein. Einige werden zwar von Partnern und Freunden gut und liebevoll versorgt. Was aber tun, wenn das Kind stundenlang schreit? Wenn die Milch nicht richtig fließt? Das Kind zu lange schläft oder an der Brust immer wieder einnickt? Nach dem Trinken spuckt? Es gibt viele Fragen, die Mütter mit Säuglingen haben.

Die Folge ist oft Verunsicherung und Frustration. Gelingt es nicht, Vertrauen in die eigenen Fähigkeiten zu entwickeln, daran zu glauben, daß sich mit der Zeit ein Rhythmus einstellt, beginnt sich der Teufelskreis zu drehen.

Ängstlich und in ständiger Sorge, ob das Kind genug bekommt, wird es dauernd an die Brust gelegt – ohne darauf zu achten, ob es wirklich hungrig ist. Ungeduldig wird ihm die Brustwarze in den Mund gedrückt; macht das Kind eine Pause oder weint, führt das zu neuen Ängsten. Der Rhythmus wird zerstört. Ist das Kind besonders empfindsam, wird es noch schlimmer. Es spürt die Verunsicherung der Eltern und antwortet seinerseits mit dem Verlust seines eigenen Rhythmus. Die beiden Ping-Pong-Spieler treffen den Ball nicht mehr.

Statt Lust und Wohlbehagen, statt sattwarmem Gefühl im Bauch, wachsender Zuneigung und wechselseitigem Verständnis entstehen Spannungen. Entweder setzt sich beim Kind das Gefühl fest, nie genug zu bekommen. Oder die aggressiv-überfürgsorgliche Art der Eltern, die immer besser wissen, was es braucht, verhindert beim Kind das Wahrnehmen eigener Gefühle und Bedürfnisse. Genau dasselbe passierte übrigens früher, als nach strengem Stundenplan gefüttert und keinerlei Rücksicht auf den schwandenkenden Appetit und die unterschiedlichen Sättigungsgrenzen genommen wurde.

Spannungen und Störungen drücken sich beim Säugling unmittelbar aus: Er ist zum Beispiel leicht irritierbar, hat oft Bauchkrämpfe, Hautausschläge, trinkt zu hastig oder zu langsam.

Was also tun, damit das Stillen klappt? Oder das Füttern mit der Flasche alle glücklich macht?

– Bis zu zwei Stunden nach der Geburt ist das Saugbedürfnis eines Neugeborenen am stärksten. Am besten das Kind gleich anlegen und saugen lassen. So werden bei der Mutter diejenigen Botenstoffe ausgeschüttet, die die Milchproduktion in Gang setzen.

– Auch schon bevor die Milch einschießt, trinkt das Kind an der Brust die Vormilch, die besonders reich an Abwehrstoffen ist. Wenn Sie nicht stillen möchten oder können, lassen Sie das Kind in den ersten Tagen trotzdem an Ihre Brust.

– Lassen Sie sich zum Stillen ganz genau anleiten, insbesondere sind wichtig: die Stillhaltung, die Trinkdauer an jeder Brust, das Vermeiden von Problemen wie wunden Brustwarzen oder Entzündungen. Fragen Sie alles, was Sie wissen müssen und vereinbaren Sie, daß Sie mit Ihrer Wochenbettschwester oder Stillberaterin jederzeit telephonieren können, wenn zuhause Probleme auftreten.

– Wenn immer möglich, lassen Sie sich in den ersten Wochen zuhause umsorgen, bis Sie im Umgang mit Ihrem Kind Sicherheit gewonnen haben. Geht das nicht, nutzen Sie die Einrichtungen an Ihrem Wohnort (Krabbelgruppe, Mütterberatung, Stillgruppe).

– Lernen Sie, das Weinen Ihres Kindes zu verstehen, es gibt Unterschiede zwischen Hunger, Müdigkeit, Langeweile, Schmerz.

– Machen Sie sich nicht verrückt, wenn Sie mit Ihrem Kind Probleme haben. Suchen Sie so früh als möglich fachliche und freundschaftliche Hilfe.

– Wenn Sie nicht stillen wollen oder können, machen Sie sich keine Vorwürfe. Babys, die mit der Flasche gefüttert werden, gedeihen genauso wie gestillte. Lieber eine frohe Mutter, die die Flasche gibt, als eine verspannte und gestreßte stillende Mutter!

Von der Flasche zum Löffel

»Nein! Selber!«

Szene 1: Klein-Emma sitzt im Kinderstuhl und brüllt aus Leibeskräften, wirft sich hin und her, wendet den Kopf ab, sobald sich ein Löffel voller Karottenmus ihrem Mund nähert. »Nein, nein, nein! Ich will nicht!« heißt das unmißverständlich. Mama spricht geduldig auf ihr protestierendes Kind ein. Aber alles vergebens. Klein-Emma will vom gesunden Mus nichts wissen.

Szene 2: Klein-Peter sitzt im Kinderstuhl und taucht seine Patschhändchen genüßlich in den Teller mit fein zerschnittenen Spaghetti an Tomatensauce. Beide Hände möchte er gleichzeitig vollbeladen in den Mund stopfen, und natürlich geht dabei die Hälfte daneben. Klein-Peters Umgebung sieht nach kürzester Zeit aus wie ein Spaghetti-Schlachtfeld. Seine beiden älteren Geschwister finden das unheimlich komisch.

Szenen mitten aus dem Leben einjähriger Kinder. Daß Klein-Emma Mamas Kochkünste nicht würdigt, während Klein-Peter nach Herzenslust zugreift, hat nicht unbedingt mit der Menüauswahl zu tun. Das hat seine Vorgeschichte. Beide Kinder haben nämlich den Übergang von Brust bzw. Flasche hin zu Löffel und Brei unterschiedlich bewältigt.

Sobald Klein-Peter sitzen konnte, nahm er mit Eltern und beiden Geschwistern an jeder Familienmahlzeit teil. Er kaute auf Brotrinde herum und guckte interessiert zu, wie das mit Messer, Gabel und Löffel so vor sich ging. Auf Peters Platz stand ein kleiner Plastikteller, und darin fand er höchst spannende Sachen: Mal einen Löffel Kartoffelbrei, mal ein bißchen zerdrückte Banane, mal geriebenen Apfel. Interessiert steckte er seine Finger hinein und kostete die unterschiedlichen Geschmacksrichtungen. Noch lange ernährte er sich aber vorwiegend von Milch. Seine Eltern wußten aus Erfahrung: Essen und Kauen müssen geübt werden, und der Spaß daran darf nicht zu kurz kommen.

Ganz anders bei Klein-Emma. Ihre Mama hatte gehört, daß man Babys nicht früh genug an den Löffel gewöhnen könne. Und so begann sie damit, als Emma dreieinhalb Monate alt war. Nach dem Stillen bekam Emma ein wenig Orangensaft eingeflößt. Zuerst verschluckte sie sich gewaltig, dann aber ging's ganz ordentlich. Einen Monat später kaufte Emmas Mutter eine Auswahl Gläschenkost und eine Packung Gemüsebrei, den sie ganz nach Vorschrift zubereitete. Mit viel Geduld und noch mehr Geschrei brachte sie Emma dazu, immer den ganzen Teller aufzuessen. Die Folge: Emma begann immer dann lautstark zu protestieren, wenn sich ihre Mutter ans Kochwerk machte. Auch der selbstgemachte Kartoffelbrei und das gesunde Karottenmus vergrößerten Emmas Appetit nicht.

Zwei extreme Beispiele? Keineswegs. Während Peter gute Chancen hat, sein lustvolles Verhältnis zum Essen beizubehalten, ist Emma gefährdet. Behält ihre Mama die bevormundende, zwanghafte Art mit dem Füttern bei, könnte sich Emma tatsächlich zur »schlechten Esserin« entwickeln. Worauf kommt es also an, wenn ein Kleinkind den Umgang mit Löffel und Essen lernen soll?

Tips und Anregungen:

– Nicht zu früh: Die Nieren und die Verdauung sind bei Babys in den ersten vier bis acht Monaten auf die Verwertung von Milch eingestellt. Wer auf Nummer sicher gehen und Verdauungsprobleme und Allergien ausschließen will, beginnt also erst mit fester Nahrung, wenn das Kind sechs Monate alt ist. Nicht zu vergessen die Entwicklung der Mundmotorik. Erst etwa ab vier Monaten ist ein Kind überhaupt fähig, festere Nahrung mit der Zunge nach hinten zu transportieren und zu schlucken. Dazu kommen die Zähne; auch wenn ein halbjähriges Kind die vorderen Schneidezähne hat, kann es noch nicht kauen; das kommt erst mit dem Durchbruch der Backenzähne, frühestens im 2. Lebensjahr. Richtig kauen können die meisten Kinder mit rund 23 Monaten!

Es gibt zwei Zeichen, die darauf hindeuten, daß das Kind bereit ist, vom Löffel zu essen: Es öffnet seinen Mund, wenn sich ihm ein Löffel nähert; und es beginnt, Dinge, die es gezielt greift, in den Mund zu stecken.

– Nicht allein: Kinder essen am liebsten in Gesellschaft. Das angenehme Drumherum mit Tischgebet, angeregtem Gespräch, allerlei Ritualen und Zeremonien lassen das Zusammensein mit der ganzen Familie und das Essen begehrenswert erscheinen. Streß, Hektik und Streit haben logischerweise einen gegenteiligen Effekt. Alleinerziehende, Eltern mit ihrem ersten Kind oder mit einem Einzelkind tun sich fürs Essen am besten zusammen, bilden Tischgemeinschaften in der Nachbarschaft – das erleichtert ihnen und den Kindern den Umgang mit dem Essen. Kinder brauchen auch beim Essen Vorbilder. Und sie merken sich ganz genau, wo reingehauen wird oder was den anderen nicht so recht schmeckt. Vorlieben und Abneigungen für bestimmte Speisen oder deren Zubereitung lassen sich in den Familien oft über Generationen verfolgen.

– Nicht zuviel: Eltern haben oft ganz übertriebene Vorstellungen davon, wieviel ihr Kind essen sollte. Im ersten Lebensjahr wächst das Kind sehr stark, braucht im Verhältnis zu Länge und Gewicht mehr Nahrung als im zweiten Lebensjahr, wo das Wachstum nicht mehr so rapid ist. Der Säugling deckt seinen Bedarf vorwiegend mit Milch. Und die ersten Portionen fester Nahrung gehen nicht über zwei Kaffeelöffel hinaus! Am Anfang seiner »Selbstversuche« geht ja das meiste ohnehin daneben. Füttern Sie deshalb das Kind zusätzlich aus einem zweiten Teller. Zwingen Sie Ihr Kind nie, mehr zu essen als es will.

Zu bedenken ist weiter, daß der Appetit von Kleinkindern phasenweise stark schwankt, mal ißt es viel, mal ißt es ganz wenig. Dauert Appetitlosigkeit bei einem Kind, das ansonsten gut und gern ißt, längere Zeit an, sollte die Kinderärztin/der Kinderarzt konsultiert werden.

– Nicht zu wenig Flüssigkeit: Der erste Brei sollte halbflüssig sein, damit das Kind ihn vom Löffel saugen kann. Und es bekommt neben seinen Teller eine Schnabeltasse oder eine kleine Teeflasche zum Trinken. Inhalt: Wasser, ungesüßter Tee, stark verdünnte Frucht- oder Gemüsesäfte. Zweijährige geschickte Kinder schaffen es dann schon, aus einem zur Hälfte gefüllten Becher oder Glas zu trinken. Weitere Tips:

– Es gibt kleine Kinder, die Abwechslung auf dem Teller lieben. Das heißt aber nicht, daß Sie das ganze Angebot an Gläschennahrung oder Breipulver zuhause vorrätig haben sollten. Mischen Sie verschiedene zerdrückte Früchte, zerriebenen Schinken oder pürierte Gemüse unter den Milch- oder Kartoffelbrei. Bis etwa sechs Monate bevorzugen Babys eher süße Sachen, danach finden sie auch »Gemüsiges« spannend. Sie brauchen aber weder zusätzlich zu süßen noch zu salzen.

– Es gibt aber kleine Kinder, die am liebsten immer dasselbe essen und allen Neuerungen skeptisch bis ablehnend gegenübersitzen. Vorlieben und Abneigungen wechseln bei einem Kleinkind zudem auf schwer durchschaubare Art. Auch hier gilt: Zwingen Sie Ihr Kind nicht, etwas Bestimmtes zu essen.

– Kleckern ist normal. Sie machen sich verrückt, wenn Sie Ihrem Kleinkind beibringen wollen, schön zu essen. Das lernt es mit der Zeit von selber, wenn es entsprechenden Anschauungsunterricht hat. Latz mit langen Ärmeln, darüber einer mit Auffangrille, Plastiktuch am Boden und Geduld: das genügt.

– Lange Mahlzeiten sind für kleine Kinder ein Greuel. Wenn Sie möchten, daß es bei Tisch bleibt, solange die Familie isst, halten Sie ein Spielzeug bereit.

– Lassen Sie Ihr Kind mit dem Essen experimentieren und spielen. Sein Mund ist sein sensibelstes Untersuchungsorgan.

Das Spielerische gehört zum Eßgenuß. Lassen Sie sich doch mal von Ihrem Kind füttern!

– Stellen Sie das Essen nicht in den Mittelpunkt, aber machen Sie daraus eine angenehme Erfahrung in ruhiger Atmosphäre.

Die Tischmanieren

»Man ißt nicht mit den Fingern«...

... sagte die alte Tante Gertrud tadelnd und klopfte ihrem zweijährigen Neffen auf die Finger. Natürlich: Sie hatte es vor siebzig Jahren noch anders gelernt. Das Erziehungsziel am Eßtisch bestand damals nicht darin, gesund und mit Genuß zu essen. Sondern: Gesittet und streng nach Knigge Messer und Gabel zu bedienen, nicht zu schmatzen oder laut zu sprechen. Normalerweise, so erzählen Großeltern ihren staunenden Enkelkindern heute, durften Kinder bei Tisch überhaupt nicht sprechen, es sei denn, sie wurden etwas gefragt.

In früheren Jahrhunderten, besonders in bäuerlichen Gesellschaften, hatten es die Kinder auch nicht besser. Entweder mußten sie ganz unten am Tisch stehen oder auf einfachen Hockern sitzen; in manchen Gegenden aßen kleine Kinder überhaupt nicht mit der Familie am Tisch. Diese Sitte hat sich in der Oberschicht zum Teil bis heute gehalten. Kinder durften erst dann an den gemeinsamen Mahlzeiten teilnehmen, wenn ihre Manieren entsprechend waren.

Die Tafel spiegelte lange Zeit die Hierarchie in der Familie, dem Bauernhof, dem Handwerksbetrieb oder dem herzoglichen Hof. Zuoberst saß der Hausherr, der Patriarch, der Vater, und dann ging's den Tisch runter wie auf der sozialen Leiter. Zuunterst saßen die Frauen, die Kleinkinder und die Bediensteten. Die Funktion der Mahlzeit war neben der Nahrungsaufnahme die des

Treffpunkts, des Austauschs von Informationen und der Vermittlung gesellschaftlicher Normen. Und mit der Zeit auch die »Zivilisierung« der Kinder mithilfe von Verhaltensregeln.

Dieser Zeitpunkt läßt sich für Europa genau datieren: 1530 erschien nämlich das Buch »Tischzucht« des Gelehrten und Pädagogen Erasmus von Rotterdam. Darin wird detailliert aufgeführt, was man (Adressaten waren Knaben) bei Tisch darf und was nicht. Und da steht denn auch geschrieben: Mit den Fingern soll man nicht essen! Dafür gibt es Messer und Gabel. Es wird nicht gerülpst oder laut gelacht! Und schon gar nicht wird mit dem Stuhl gewackelt. Die Mitessenden dürfen nicht mit dem Fuß oder Ellbogen belästigt werden! Mit Brot wird nicht gespielt, und die Serviette ist nicht zum Schneuzen der Nase da.

Haben sich über die Jahrhunderte ganz gut gehalten, diese Regeln. Sie wurden im Lauf der Zeit vielfach verfeinert und breiteten sich von der vornehm-höfischen Gesellschaft ins Bürgertum aus. Heutzutage erkennt man die soziale Herkunft eines Menschen nicht mehr unbedingt an seinen Eß- und Tischmanieren.

Ob Messerbänkchen nötig sind, ob das Obst zum Nachtisch mit Messer und Gabel angegangen wird oder wie man den Löffel korrekt hält, wenn Bouillon gereicht wird – das interessiert heute eigentlich nur karrieresüchtige Leute, die sich solches in Benimmkursen beibringen lassen.

Den meisten Eltern genügt durchaus, wenn ihr Kind mit den Jahren nicht mehr kleckert, sein Fleisch selber zerschneiden kann, am Tisch gerade sitzt und beim Abräumen hilft. An sich ist es begrüßenswert, daß unter Eßkultur nicht nur tägliche Dressurakte verstanden werden. Wichtiger ist es nämlich, an der sozialen Funktion der gemeinsamen Mahlzeit festzuhalten. Denn sie ist in vielen Familien überhaupt eine der wenigen Gelegenheiten, die Gemeinschaft stiftet, Geborgenheit vermittelt.

Wie die Autorin Annelies Furtmayr-Schuh berichtet, ist gerade diese Form der Eßkultur seit dem Zweiten Weltkrieg einem dramatischen Wandel unterworfen: Nur in fünf Prozent deutscher Haushalte sitzen Eltern und Kinder dreimal täglich zum Essen am selben Tisch. Und zwei Drittel aller Familien nehmen an Werktagen gar keine oder nur eine gemeinsame Mahlzeit ein! Dafür wird wenigstens das gemeinsame Sonntagsfrühstück hochgehalten: Vier Fünftel der deutschen Familien »brunchen« zusammen – vorwiegend um sich auszutauschen. Andere Gesprächsmöglichkeiten gibt es in der Hektik des Alltags offenbar kaum noch.

Ohne einem altmodischen Tischzwang das Wort zu reden, ist dieser rasante Verlust an familiärer Tischgemeinschaft nicht ohne Folgen. Wichtige Dinge, die das Zusammenleben von Menschen erleichtern, wie beispielsweise Pünktlichkeit, Rücksichtnahme und Gesprächskultur werden so weit weniger vermittelt und eingeübt, als dies früher der Fall war. Für Kinder sind Orientierungspunkte im Tagesablauf wichtig, zum Beispiel eine feste Essenszeit.

Es liegt an den Eltern, welchen Stellenwert die gemeinsamen Mahlzeiten in der Familie haben. Sie haben dabei Gelegenheit, ihre eigenen Traditionen zu begründen: Ob das die schön gedeckte Tafel am Sonntag ist, ob das bestimmte Speisen zu Ostern oder Weihnachten sind, ob ein Tischgebet gesprochen oder »Guten Appetit« gewünscht wird, spielt eigentlich keine Rolle.

Zwischenmahlzeiten

Die Sucht nach dem süßen Snack

Bonbons, Schokoriegel, Gummibärchen und Cola: Das sind die beliebtesten »Zwischenmahlzeiten« von größeren Schulkindern und Jugendlichen, so eine Umfrage unter 1500 Schülerinnen und Schülern in Deutschland. Nicht viel besser sieht es in der Schweiz aus. Untersuchungen der Eßgewohnheiten unter 5000 Basler Kindern und rund 500 St. Galler Schülerinnen und Schülern ergaben ähnliche Ergebnisse. Auffallend: Je älter die Kinder werden, um so mehr stürzen sie sich auf diese süßen und fettreichen Snacks. Wen wundert's?

Eßtagebücher belegen weiter, daß sie Mahlzeiten auslassen, besonders oft die Zwischenmahlzeiten. Immerhin würden letztere bei einer ausgewogenen Ernährung rund einen Drittel der Energiezufuhr ausmachen!

Erstaunlich ist, daß Eltern der festen Überzeugung sind, daß diese Art von Snacks eigentliche Nahrungsmittel sind. In Tat und Wahrheit liefern sie leere Kalorien, vor allem in Form von Zucker, und sie tragen erheblich zum riesigen, 36 Kilogramm schweren Zuckerberg bei, den wir pro Kopf und Jahr konsumieren. Wenn man all die versteckten Zuckerarten dazuzählen würde, die die Süßigkeiten auch noch bereichern, ohne sie süßer zu machen, käme man wohl auf das Doppelte!

Da nach diesen süßen Versuchungen die Zähne meistens nicht geputzt werden, sind sie auch die Ursache für die einzige wirklich ernährungsbedingte Kinderkrankheit: Karies. Kommt noch dazu, daß gerade diese Sorte von Zwischenmahlzeiten die Neigung zu Übergewicht fördert, und das nicht nur, weil sie echte Kalorienbomben sind, sondern hauptsächlich, weil sie zur festen Gewohnheit werden, bei manchen gar zur Sucht.

Ich höre die Eltern schon seufzend fragen: »Ja, was sollen wir denn tun? Die Kinder mögen eben lieber Süßes«. Da ist was dran, an der Vorliebe der meisten Kinder für Süßigkeiten. Und sie sind einfach allgegenwärtig. Die auf Kinderhöhe ausgelegte »Quengelware« an den Supermarktkassen sind wohl die perfideste Strafe, die sich die Industrie für Eltern ausgedacht hat.

Ernährungsfachleute sind sich einig: Eltern müssen Kompromisse machen. Um die Süßigkeiten kommt keine Familie ganz herum. Kleinkinder knabbern gern an Apfelstücken, Birnenschnitzen, Bananenrädchen, Karottenstengeln und was der Herrlichkeiten an Obst und Gemüse mehr sind. Damit lassen sich auch Kindergarten- und Schulkinder gern verwöhnen. Gut sind auch Kombinationen »Süß & Gesund«, beispielsweise Vollkornbrot und Schokolade, Apfel und Vanilleeis, Nüsse und Fruchtjoghurt. Süßes in den familiären Menüplan einbauen, ab und zu eine Nachspeise für alle oder süße Gratins und Aufläufe als Abendbrot, lassen die Kioskauslage vielleicht weniger verführerisch erscheinen. Dazu trägt auch eine eher kohlenhydratlastige, vollwertige Ernährung bei, denn Stärke wird vom Körper langsamer verwertet und sättigt deshalb länger. Vollkornprodukte enthalten zudem viel Ballaststoffe, und die sind gut für die Verdauung – was man von Schokoriegeln und Co. nicht gerade behaupten kann.

Sicher ist allerdings, daß Kinder vernünftige Zwischenmahlzeiten brauchen. Sie sind körperlich viel aktiver als Erwachsene und brauchen eine regelmäßige Energiezufuhr. Zu große Abstände zwischen den Mahlzeiten führen zu Müdigkeit und Konzentrationsschwächen, kleinere Kinder beginnen zu quengeln. Um so größer ist dann der Heißhunger kurz vor dem Mittagessen oder Abendbrot. Softdrinks, wie die modernen süßen Limonaden genannt werden, gehören ebenfalls nicht zu den vollwertigen Zwischenmahlzeiten. Was die Kalorienzahl angeht, könnten sie es wohl mit einem Käsebrot aufnehmen – aber das ist auch schon alles. Kinder sind bekanntlich durstige Geschöpfe, und sie sollen auch genug trinken, aber bitte Wasser, ungesüßten Tee und ab und zu verdünnten Fruchtsaft. Milch eignet sich zwar nicht als Durstlöscher, gehört dennoch täglich auf den Tisch. Vor allem bei jungen Mädchen, die sich, wie die St. Galler Ernährungsstudie zeigt, zu wenig Kalzium gönnen. Das wäre aber wichtig, um sich rechtzeitig vor Knochenbrüchigkeit im Alter zu schützen.

Zwischenmahlzeiten sind also sinnvoll. Allein schon deswegen, weil so der Grundstein gelegt wird zur guten Gewohnheit der fünf täglichen Mahlzeiten (statt der üppigen drei). Kompromisse der Eltern sind auch besser als sture Verbote. Bekanntlich steigern letztere das Verlangen.

Die Werbung

Wie die Eltern ausgeschaltet werden

Chocos-Bär und Nesquick-Hase; viele, viele bunte Smarties; das was Kinder froh macht und Erwachsene ebenso; die Schokoschnitte mit viel gesunder Milch, Tiger-Frostie und Kinder-Überraschung: Endlos ließen sich all die niedlichen Tierchen, Comicfiguren und anderen lustigen Werbeeinfälle aufzählen, die unsere Kinder zu zielstrebigen Konsumenten machen. Oder zu kleinen Terroristen, die mit Wutanfällen ihre Eltern dazu bringen, nur diesen einen Brotaufstrich zu kaufen und auf gar keinen Fall den anderen. Der schmeckt nicht so, ist das schlagende Argument.

Sechs von zehn Kindern zwischen sechs und fünfzehn Jahren bestimmen, welche Markenlebensmittel von den Eltern eingekauft werden, so die Ergebnisse einer Untersuchung eines Stuttgarter Verlags. Der Psychologe und Projektleiter am Jugendforschungsinstitut in München, Jürgen Meixner, kommt aufgrund seiner Forschung gar zu dem Schluß, heute sei der Einfluß der Eltern auf die Ernährung ihrer Kinder gering geworden; weitaus stärker mache sich der Einfluß der Kinder und Jugendlichen auf die Ernährung der Familie bemerkbar.

Einer der wichtigsten Gründe dafür: Die ausgesprochen kindergerechte Werbung im Fernsehen für immer mehr speziell auf Kinder zugeschnittene, industriell gefertigte Lebensmittel. All den Rezeptvorschlägen in Zeitschriften, all den Kochbüchern und TV-Köchen zum

Trotz: Eltern, die ihren Kindern Selbstgekochtes, Frisches vom Markt oder Naturbelassenes vorsetzen, sind längst in der Minderheit.

Nahezu zwei Drittel unserer Nahrung kommt aus der Lebensmittelfabrik. Und die braucht ausgeklügelte Marketing- und Werbestrategien, um ihre Produkte an Mann, Frau und vor allem Kind zu bringen. Kinder, so Jürgen Meixner, werden immer mehr als wichtige Konsumentengruppe wahrgenommen.

Bereits Knirpse von drei Jahren setzen sich mit Werbung, vorwiegend im Fernsehen, auseinander. Weil Werbung mit Produkten für Kinder witzig und bunt ist, meistens Comicfiguren als Identifikation anbieten und auf das bei Kindern besonders ausgeprägte Wahrnehmen von Details ausgerichtet ist, kennen sich die Kleinsten ganz schnell in der Waren- und Markenwelt aus. Sobald sie in Spielgruppe, Kindergarten oder auf dem Spiel- und Pausenplatz in Kontakt kommen mit anderen Kindern, findet ein Austausch über Konsumartikel statt, natürlich auch über den toll schmeckenden Quark, den es bei Meiers zum Naschen gab oder über den super verpackten Orangensaft, den Jutta in der Pause getrunken hat.

Viele Hersteller binden die Kinder auch über ihren zeitweise ausgeprägten Sammeleifer ans Produkt: Fünf Verpackungspunkte für einen Pin oder sechs Softdrinketiketten plus zehn Mark für die coole Baseballmütze. Darauf sprechen Schulkinder der Unterstufe besonders gut an. Klar, daß da im Schnellzugtempo Packungen gekauft und gegessen oder getrunken werden müssen, um sich dem Sammelziel möglichst rasch zu nähern. Was in den Packungen ist, wird dabei vollkommen nebensächlich.

Interessant ist eine weitere Beobachtung des Münchner Jugendforschungsinstituts: Offensichtlich kennen sich die Kids in der Markenwelt nicht nur sehr gut aus. Sie kriegen von klein auf mit, welches soziale Prestige und welche gesellschaftliche Wertigkeit mit einem bestimmten Produkt verbunden sind.

Daß Skateboarder, die diese Limo trinken, sich in einer besonders coolen Clique bewegen, die auch noch lässig gekleidet ist zum Beispiel. Oder daß dieses Frühstücksgetränk in einer Bilderbuchfamilie mit sonnendurchfluteter, blitzblanker Reihenhausküche »zuhause« ist, zu der auch noch ein freundlich-zotteliger Hund und eine blonde, langhaarige und immer gutgelaunte Mama gehören.

Der Erlebnischarakter des Essens wird so durch Bilder geformt und nicht mehr durch die sinnliche Erfahrung des Schmeckens, Riechens, Kauens, Schluckens oder das Geborgenheitsgefühl des Familientisches. Das ist etwas völlig Neues.

Die Zeitspanne, in der Kinder für diese Bilderflut besonders empfänglich sind, ist allerdings recht kurz. Denn schon im Alter von acht oder neun Jahren, wo sich das Gewissen bildet, verwandeln sich Kinder in kritische Konsumenten. Sie interessieren sich für Zusammenhänge, beispielsweise für ökologische Fragen. So formierte sich der Kaufboykott von Dosenthunfisch in den USA auf Druck von Kindern, die im Fernsehen die Bilder der in den Netzen der Thunfischjäger qualvoll sterbenden Delphine gesehen hatten. Der führende CornFlakes-Fabrikant der Welt mußte auf naturgerecht angebauten Mais umstellen, nachdem im Golf von Mexiko in Küstennähe wegen der pestizid- und kunstdüngerverseuchten Flüsse massenhaft Fische gestorben waren. Auch da hatten Kinder ihre Eltern zu Protesten veranlaßt, wie die amerikanische Trendforscherin Faith Popcorn in ihrem Report berichtet.

Neunjährige lassen sich leicht davon überzeugen, daß die Großpackung Früchtequark oder das Joghurt im mehrfach verwendbaren Familienglas weitaus sinnvoller sind, als die klugmachenden Farbquärkchen in Einzelportionen. Auch das Argument »gesund« verfängt bei größeren Kindern leicht, wenn sie beim Backen und Kochen mitexperimentieren dürfen.

Fazit: Kinder von der bunten Werbewelt vollkommen abschirmen zu wollen, ist heute vergebliche Liebesmüh. Es reicht, nur schon die Reaktion und leichte Beeinflußbarkeit von uns Erwachsenen auf die allgegenwärtige Reklame wahrzunehmen. Klüger und pragmatischer handeln Eltern, indem sie sich kompromißbereit zeigen und ihren Kindern ab und zu den Griff ins verlockende Angebot erlauben.

Fast Food

Billig und gesellig

»Iß, damit du groß und stark wirst!« halten besorgte Eltern ihrem jugendlichen Nachwuchs beim Essen vor und fordern ihre Kinder auf, tüchtig zuzugreifen. Noch immer hält sich nämlich hartnäckig die Meinung, daß das Wachstum in der Pubertät besonders viel Energie in Form von Essen braucht. Dabei ist der durchschnittliche Kalorienbedarf eines Zwölfjährigen nur unwesentlich höher als der eines Neunjährigen: Rund 2000 kcal braucht das kleinere Kind, 2100 bis 2400 kcal das größere.

Ein anderes weit verbreitetes Vorurteil ist, daß Jugendliche dank gut dotierter Taschengeldbörse nicht mehr zuhause essen, sondern sich hauptsächlich von ungesundem Zeug an Kiosk und in Fast Food-Ketten ernähren. Tatsächlich belegen Untersuchungen, daß bei einem Viertel der 14-jährigen Fast Food zu den mit Abstand beliebtesten Nahrungsformen gehört. Breit angelegte Ernährungsstudien sagen hingegen, daß der Ernährungszustand in dieser Altersgruppe zwar einige Lücken aufweist, so schlecht aber insgesamt nicht ist. Davon später mehr.

Nun ist die Spanne kurz vor und während der Pubertät das Alter, in dem sich – einmal abgesehen von Allergien oder Nahrungsmittelunverträglichkeiten – die ersten Probleme im Zusammenhang mit der Ernährung deutlich zeigen: Übergewicht und Eßstörungen wie Magersucht oder Eß-Brechsucht.

Unter Übergewicht leiden in unseren Breitengraden immerhin 25 Prozent der Kinder und Jugendlichen! Und praktisch immer ist dieses Übergewicht auf zuviel Energiezufuhr zurückzuführen. Hormonstörungen oder andere körperliche Ursachen sind extrem selten.

Ob ein Kind wirklich zu dick ist, läßt sich jedoch nicht so ohne weiteres feststellen, es sei denn, das Übergewicht ist augenfällig. Berücksichtigt werden müssen der Körperbau des Kindes und die Figur der Eltern. Als Grundlage verfügen Fachleute zudem über die sogenannten Perzentilen (s. Anhang), auf denen sich für eine bestimmte Körperlänge die Bandbreite des zulässigen Gewichts ablesen läßt.

Bei Jugendlichen verwendet man wie bei Erwachsenen den sogenannten Body-Mass-Index: Das Körpergewicht wird geteilt durch das Quadrat der Körperlänge. Ein Resultat zwischen 20 und 25 bedeutet Normalgewicht, unter 20 Untergewicht (kritische Grenze ist 17) und über 30 bedeutet deutliches Übergewicht. Ein Beispiel: Eine 12-Jährige ist 150 Zentimeter groß und wiegt 52 Kilogramm. Ihr BMI beträgt gut 23 – ist also innerhalb der Norm (Rechnung: 1,5 x 1,5 = 2,25; 52 : 2,25 = 23,1).

Dicke Kinder und Jugendliche leiden oft unter erheblichen psychischen Problemen. Sie werden sozial ausgegrenzt, indem sie zum Beispiel nicht zu einer Clique gehören dürfen. Sie sind beim Schulsport behindert, sind Zielscheiben des Spotts. Die Vorstellung, daß Jugendliche irgendwann aus ihrer Pummeligkeit herauswachsen, stimmt nach neuen Untersuchungen nicht. Dicke Kinder sind überdurchschnittlich häufig auch dicke Erwachsene.

Übergewicht verursacht auch ernst zu nehmende körperliche Schäden, zum Beispiel Abnützungserscheinungen der Gelenke; es schränkt die Atemfunktion ein, führt langfristig zu Diabetes und Gefäßerkrankungen. Im Fall von Übergewicht ist der elterliche Zuspruch »iß, damit du groß und stark wirst« überflüssig. Vielmehr drängt sich eine Veränderung des Eßverhaltens der ganzen Familie auf (s. Kapitel III. Interview). Am besten geht das über eine Ernährungsberatung. Eine Kombination von Familientherapie, Verhaltensänderung, Kochschule und Steigerung der Körperwahrnehmung sowie sportliche Aktivität verspricht den größten Erfolg. Falsch ist es, das Übergewicht als Problem des Kindes zu isolieren. Betroffen ist immer die ganze Familie.

Schwieriger zu erkennen und zu behandeln sind die Magersucht (Anorexia nervosa) und die Eß-Brechsucht (Bulimia). Überwiegend Mädchen und junge Frauen sind davon betroffen. Genau wie Übergewicht sind auch diese Eßstörungen typisch für eine Überflußgesellschaft wie es die unsere ist. Während dicke Kinder und Jugendliche auffallen und sozial diskriminiert werden, gehören magersüchtige und bulimische Mädchen zu den Unauffälligen und Angepaßten. Magersüchtige entsprechen zudem dem erstrebenswerten Schönheitsideal der heutigen Frau.

Fotomodelle, deren Bilder in Magazinen und Werbung allgegenwärtig sind, haben durchschnittlich ein Untergewicht von 30 Prozent – nicht weit von Magersucht entfernt. Eßgestörte Frauen beschäftigen sich unaufhörlich mit dem Essen, bzw. mit Hunger. Naomi Wolf, die amerikanische Publizistin, nennt diese Eßstörungen deshalb das politisch wirkungsvollste und beste Beruhigungsmittel für Frauen. Solange Frauen ihre gesamte Energie auf ihre Ernährung, ihren Hunger und ihr Aussehen verwenden, würden sie mit der Gleichberechtigung in Politik und Wirtschaft keine weiteren Fortschritte machen. Expertinnen weisen darauf hin, daß am Anfang einer Eßstörung fast immer eine Diät steht.

Eine aktuelle Umfrage unter rund 10 000 Jugendlichen in der Schweiz förderte zutage, daß etwa zwei Drittel der jungen Frauen mit ihrer Figur unzufrieden sind oder sich als zu dick empfinden. Das Eßverhalten, so die Resultate, hängt eng mit dem »Look« zusammen, und der große Teil der befragten Mädchen beschäftigt sich intensiv mit dem eigenen Gewicht und allem, was damit zu tun hat.

Ist also ein Mädchen oder Junge unzufrieden mit seinem Aussehen, beschäftigt sie oder er sich viel mit dem eigenen Gewicht und wünscht eine Diät zu machen, sollte das für Eltern ein Warnzeichen sein. Es gibt bereits sehr gute Bücher über Magersucht und Bulimie (s. Bücherliste), in denen sich Eltern erste Hilfe holen können. Auf eigene Faust sollten sie auf keinen Fall vorgehen; die Eßstörungen »wachsen« sich auch nicht einfach aus.

Zu Beginn war die Rede davon, daß der Ernährungszustand größerer Kinder und Jugendlicher Lücken aufweist. Was heißt das genau? Vergleicht man Eßtagebücher von Jugendlichen und breit angelegte Befragungen zum Eßverhalten mit den Empfehlungen des Forschungsinstituts für Kinderernährung in Dortmund, fallen folgende Unterschiede auf:

- Kinder frühstücken selten, je älter sie werden, um so seltener.
- Die Versorgung mit Vitaminen des B-Komplexes, mit Eisen und Kalzium entspricht nicht den Sollwerten.
- Es werden viel zu wenig komplexe Kohlenhydrate und Ballaststoffe gegessen, dafür tendenziell zuviel Fett und Süßes (ganz ähnlich also wie bei den Erwachsenen).
- Gemüse und Früchte werden höchstens halb so oft gegessen, wie empfohlen.
- Bis zu 10 Prozent des täglichen Energiebedarfs werden durch einen sogenannten Spätimbiß (z. B. Chips und anderes Knabberzeug, Joghurt, Softdrinks) gedeckt, was völlig unnötig ist.

Das Argument »gesund« verfängt in der Pubertät nicht mehr, wie Jürgen Meixner vom Münchener Jugendforschungsinstitut sagt. Für Jugendliche ist im Zusammenhang mit Essen das soziale Eingebundensein in die Eßgewohnheiten der Gleichaltrigen vorrangig.

Und dies finden die Kids vorwiegend in ihrer Clique, wenn sie zusammen Pizza oder Hamburger essen gehen. Das ist eine ganz neue Entwicklung. Inzwischen gehen etwa vier Fünftel der 12- bis 13-jährigen einmal die Woche mit Freunden in eine Pizzeria! Weil bei Jugendlichen das Erlebnis beim Essen im Vordergrund steht, und weil dies eben bei Fast Food und beim Italiener stattfindet, haben es Eltern besonders schwer, ihre Vorstellungen von gesunder Ernährung durchzusetzen.

Tröstlich ist deshalb ein neuer Trend, der sich unter den Jungen ausbreitet: das gemeinsame Kochen und Essen zuhause. Dies scheint den Run auf die Fast-Food-Ketten etwas zu bremsen.

Übrigens gehören Hamburger inzwischen sogar bei Erwachsenen zu den häufig und gern verzehrten Lebensmitteln. Das macht sie zwar nicht gesünder, zeigt aber, daß sich die Eßgewohnheiten von Erwachsenen und Kindern immer mehr angleichen. Auf dem mittleren Niveau des Weichen, Ketchup-Getränkten, immer gleich Schmeckenden ist die Generationsgrenze aufgehoben.

3. Kapitel

Was ist denn nun gesund?
Und was ist ungesund?

Interview mit Marianne Honegger, Ernährungsberaterin an der Universitäts-Kinderklinik in Zürich

Das kann in jeder Familie passieren: Eltern und Kinder kommen mit dem Essen nicht mehr klar. Das eine Kind ist zu dick, das andere ißt nur Nudeln und Fischstäbchen und Mama und Papa sind entnervt. Was tun? In solchen Situationen kann die Ernährungsberatung weiterhelfen. Es gibt sie an jeder größeren Kinderklinik, und man kann sich durch jede niedergelassene Ärztin/Arzt zuweisen lassen.

Welche Kinder kommen zu Ihnen in eine Ernährungsberatung?

Krankheit

Zunächst sind das Kinder, die krank sind, die an Diabetes, Nierenproblemen oder Stoffwechselstörungen leiden. Für sie gibt es spezielle Diätvorschriften, die ich den Eltern und den Kindern erkläre. Dann gibt es eine große Gruppe übergewichtiger Kinder, etwa 20 Prozent in meiner Beratungstätigkeit; und dann sind da untergewichtige Kinder, die zunehmen sollten und schlecht essen.

Wie steht es denn um das Wissen der Eltern punkto Kinderernährung?

Wissen

Das ist sehr unterschiedlich. Weit verbreitet ist das Wissen darüber, daß Milch und Milchprodukte sehr gesund sind. Es geistert aber auch viel Halbwissen herum: Warum dieses Nahrungsmittel besonders gesund oder ungesund sei. An wirklich breitem, fundiertem Grundwissen fehlt es leider. Dagegen begegne ich häufig stark verankerter Überlieferung. Zum Beispiel, daß Zucker und Fleisch stark mache oder bestimmte Plätzchen für Kinder sehr gut seien. Auch traditionelle Gerichte oder Zubereitungsarten für Kinder werden über Generationen weitergegeben. Außerdem verfügen Mütter, die sehr oft eigene Diäterfahrungen haben, über ein gewisses »Kalorienwissen«.

Welches ist die häufigste Altersgruppe von Kindern, die wegen Eßproblemen zu Ihnen kommen?

Kleinkinder im Alter von zehn Monaten bis zu drei Jahren.

Wie machen Sie sich ein Bild von den Eßproblemen, die ein Kind hat?

Vorgehen

Zuerst mache ich eine sogenannte Ernährungsanamnese. Dabei interessiert mich, was das Kind ißt und wie viel es ißt. Wann, wie oft, zu welchen Zeiten und in welcher Gesellschaft ißt das Kind? Ißt es vielleicht allein? Ich frage auch nach dem Stellenwert des Essens in der Familie, danach, ob Mutter oder Vater gerne essen und kochen. Ob sich der Vater auch ums Essen kümmert oder ob er eher zum Typ »Zeitungsleser« gehört. Es ist immer noch so, daß in den meisten Familien die Mutter fürs Essen und für die Ernährung der Kinder zuständig ist. Und deshalb ist es auch die Mutter, die Schuldgefühle hat, wenn ihr Kind zu dick oder zu dünn ist. Leider ist es sehr selten, daß auch einmal ein Vater mit zur Ernährungsberatung kommt.

Wirkt sich denn dieses väterliche Desinteresse negativ aufs Eßverhalten von Kindern aus?

Vater

Ja. Wenn ein Kind Probleme mit dem Essen hat, könnte der Druck aufs Kind verringert werden, indem der Vater die Mutter entlastet. Er könnte beispielsweise das Kind füttern. Damit würde sich die Situation entspannen.

Welche Informationen sind für Sie auch noch wichtig?

Zwang

Ich will zum Beispiel wissen, ob Zwang auf ein Kind ausgeübt wird, wenn es einmal nichts essen möchte und wie stark der ist. Achtet man darauf, daß ein Kind von allem ißt oder läßt man eher ihm die Wahl, was es essen möchte? Sind Eltern sofort alarmiert, wenn ihr Kind keinen Appetit auf das hat, was auf dem Tisch steht, und bekommt es sofort ein Joghurt hingestellt?

Eßprotokoll

Ich lasse sehr häufig ein Eßprotokoll führen, das heißt, die Eltern müssen während einer Woche genau aufschreiben, was ihr Kind ißt. Es kommt oft vor, daß allein diese schriftlichen Aufzeichnungen genügen, um den Eltern zu zeigen, daß ihr schlechter Esser genug ißt, wenn man's über mehrere Tage zählt. Der subjektive Eindruck kann so korrigiert werden. Eltern haben häufig falsche Vorstellungen, wieviel oder wie häufig ihr Kind essen sollte. Mit dem Eßprotokoll habe ich ein gutes Instrument in der Hand, um ihnen zu erklären, wo das Problem liegt. Vielleicht ißt ihr Kind zuviel oder die Zusammensetzung der Nahrung ist nicht optimal.

Stichwort Übergewicht: Oft wird gesagt, daß bereits im Kindesalter festgelegt wird, ob man später Probleme mit zu vielen Pfunden hat. Stimmt das?

Übergewicht

Zum Teil: Denn Eßverhalten wird gelernt, und Gewohnheiten werden in der Kindheit festgelegt. Ein gutes Beispiel ist die Sättigungsgrenze, die jeder gesunde Mensch hat. Wird nun ein Kind ohne Rücksicht darauf ständig dazu gebracht, zuviel zu essen, verlernt es, sein Sättigungsgefühl zu beachten. Es gibt Kinder, bei denen das geht; andere können ihr »Nein« sehr viel bestimmter und wirkungsvoller äußern.

Vorbild

Dazu kommt das Vorbild der Eltern. Essen sie sehr ungesund oder oft zwischendurch, kann ein Kind nicht lernen, was eine ausgewogene Mahlzeit am Tisch ist oder was regelmäßige Zwischenmahlzeiten sind.

Welche übergewichtigen Kinder sind am schwierigsten zu beraten?

Frustfresser

Solche, die aus negativen Gefühlen heraus zuviel essen. Oder besser: fressen. Es gibt Kinder mit übergroßem Verlangen nach Süßigkeiten oder Kinder, die heimlich essen. Das sind Eßgewohnheiten, die eindeutig Ersatzcharakter haben. Diesen Kindern und ihren Familien empfehle ich oft eine psychologische oder psychiatrische Betreuung. Bei rund der Hälfte der übergewichtigen Kinder, die ich berate, geht es um die Information der Eltern. Sie haben sich nicht viel dabei gedacht, wenn sie als Getränk ausschließlich zuckerhaltige Softdrinks im Haus haben. Oder sie meinen, dem Kind schade etwas Zucker nicht. Allein Aufklärung darüber, welche Möglichkeiten es gibt, gesündere und weniger zuckerhaltige Nahrungsmittel zu konsumieren, genügt, damit diese Kinder abnehmen und auch ihr Gewicht halten können.

Sie sagten, viele Mütter hätten heute Diäterfahrungen. Wie wirken sich diese auf die Ernährung der Kinder aus?

Diäten

Viele Mütter haben Angst, ihr Kind werde dick. Sie fangen früh an, darauf zu achten. Aber sie sind fixiert auf das Denken in Kalorien, und sie übertragen dies auf ihr Kind. Das kann dazu führen, daß sie ihrem Kind magere Nahrungsmittel oder Light-Produkte geben und so die Bedürfnisse des Kindes mißachten.

Light-Produkte

Meiner Meinung nach ist es falsch, bei einem Kind, das gar nicht dick ist, mit dieser Kalorienzählerei anzufangen. Sogar in der Beratung von übergewichtigen Kindern nehme ich das Wort Kalorien kaum in den Mund. Ich würde nie sagen: »Du darfst nur noch 1000 Kalorien essen«. Viel wichtiger ist es, ein gesundes Eßverhalten zu lernen und ein gutes Körpergefühl zu entwickeln.

Dafür muß man aber wohl mehr tun, als in die Ernährungsberatung zu gehen?

Richtig. Ich kann Eltern und Kinder als Ernährungsberaterin nur informieren, ihnen Tips und Ratschläge geben. Erproben und umsetzen muß die Familie das alles aber selber.

Fehlt den dicken »Frustessern« nicht auch die Nestwärme gemeinsamer Mahlzeiten?

Familientisch

Sicher ist, daß am Tisch Kinder weniger dazu neigen, zuviel zu essen. Der Tagesablauf vieler Familien heute ist so ungeordnet, daß schlicht die Gelegenheit zu einer regelmäßigen gemeinsamen Mahlzeit fehlt. Gerade deshalb plädiere ich dafür: Wenigstens einmal täglich eine richtige Mahlzeit, wo sich alle gemeinsam darum kümmern. Kinder sollten nicht allein essen.

Die »Selbstbedienung« zwischen den Mahlzeiten aus dem Kühlschrank oder am Kiosk wird zur schlechten Gewohnheit und kann zu einer übermäßigen Energieaufnahme führen.

Es gibt Eltern, die meinen, wenn man Kinder gewähren lasse, würden sie sich automatisch gesund ernähren. Der Körper hole sich das, was er brauche. Stimmt das?

Wenn das Angebot ausschließlich aus naturbelassenen Nahrungsmitteln bestünde, könnte die Behauptung stimmen. Aber es gibt heute eine riesige Menge an bunt verpackten und raffinierten Nahrungsmitteln, und diese beeinflussen die Auswahl viel stärker als alles andere.

Wie steht es denn mit Kindern, die ganz viele Sachen nicht mögen? Gibt es Tricks, wie man sie dennoch zum Essen bringt?

Vorlieben

Ich halte es für klüger, wenn man das akzeptiert, ohne große Geschichten darum zu veranstalten. Es ist normal, daß Kinder phasenweise gewisse Sachen nicht mögen oder auch einmal sehr wenig oder überhaupt nicht essen. Das geht meist vorbei. Wesentlich ist auch hier das Vorbild der Eltern: Jedes Kind wird von allem essen, wenn es sieht, daß auch die Eltern das tun. Typisches Beispiel dafür ist Gemüse. Steht es bei jeder Mahlzeit auf dem Tisch, essen die Eltern davon, wird auch das Kind früher oder später Gemüse essen – ohne, daß man es dazu zwingt.

Ist die Angst der Eltern, ihr Kind bekomme ohne Gemüse zuwenig Vitamine und Mineralstoffe, also unbegründet?

Vitamine

Ja, sofern das Kind sonst abwechslungsreich ißt und dies nur eine vorübergehende Phase ist. Gemüse kann im übrigen auch durch Früchte ersetzt werden.

Viele Eltern geben ihrem Kind zusätzlich zum Essen allerlei Aufbaupräparate und Vitaminpillen, etwa, wenn es in der Schule Streß hat. Ist das wirklich nötig?

Nein. Ein Kind, das gut ißt, braucht keine zusätzlichen Vitamine oder Mineralstoffe. Sinnvoll kann es sein, wenn ein Kind über längere Zeit schlecht ißt, überhaupt kein Gemüse, keine Früchte. Oder wenn es krank war. Aufbaupräparate sollte man grundsätzlich nur während einer kurzen Zeit geben.

Besteht denn die Gefahr einer Überdosierung?

Nur bei den fettlöslichen Vitaminen, vor allem dem Vitamin A. Der Körper scheidet die überflüssigen Vitamine wieder aus, aber er gewöhnt sich mit der Zeit an ein bestimmtes Maß. Wenn das Angebot ständig übergroß ist, dann wird die Nahrung nicht mehr gleich gut verwertet. Ich finde es paradox, wenn sich ein Kind vorwiegend von Joghurt, Weißbrot und

Nudeln ernährt und dafür Vitaminpillen bekommt.

Aber Kinder brauchen doch eigentlich mehr Vitalstoffe als Erwachsene. Sie wachsen schließlich.

Wachstum

Das stimmt. Im Verhältnis zu ihrem Körpergewicht brauchen sie tatsächlich mehr. Aber das läßt sich mit einer ausgewogenen Ernährung bewerkstelligen.

Sind »gute Esser« eigentlich die gesünderen Kinder als die »schlechten Esser«?

Sicher ist ein gut ernährtes Kind widerstandsfähiger. Entscheidend ist natürlich die Qualität der Nahrung und nicht die Quantität.

Wie häufig sollten Kinder essen?

Stoffwechsel

Fünf Mahlzeiten täglich sind für Kinder ideal. Sie brauchen eine regelmäßige Energiezufuhr, davon ist ihr Stoffwechsel viel stärker abhängig als der eines Erwachsenen. Kinder haben weniger Speicherkapazitäten und reagieren auf fehlende

Mahlzeiten mit Konzentrationsschwäche und Leistungsabfall.

Das Frühstück auszulassen ist also problematisch?

Frühstück

Ja. Das Frühstück ist eine wichtige Mahlzeit. Man sollte den Kindern wirklich genügend Zeit dafür einräumen, sie zum Beispiel fünf Minuten früher wecken. Wenn ein Kind kein Brot mag, kann man auf Sachen ausweichen, die es wirklich gern hat, zum Beispiel Joghurt oder Milch mit Flocken oder Cornflakes. Eine Mindestmahlzeit am Morgen ist eine Tasse Milch, eventuell mit einem Frühstücksgetränkepulver. Und nicht vergessen: Immer ein Pausenbrot mitgeben. Viele Kinder sind frühmorgens nicht hungrig. Das kann auch daran liegen, daß sie zu spät, das heißt erst gegen 20 Uhr, zu abend essen oder, wie es sich die Erwachsenen angewöhnt haben, nach dem Abendbrot noch ein Häppchen essen.

Für viele Eltern ein Problem: Kinder essen zuviel Süßigkeiten. Lehnen Sie Zucker in der Ernährung der Kinder generell ab?

Süßigkeiten

Um den Zucker kommt man nicht

herum. Es gibt durchaus Kombinationen, die gut sind, zum Beispiel ein Stück Vollkornbrot mit einem Stück Schokolade. Strikte Verbote bringen nichts, denn mit Süßigkeiten werden Kinder heute sehr früh konfrontiert. Spätestens dann, wenn sie mit Gleichaltrigen in Kontakt kommen. Mein Rat: Möglichst lange keinen Zucker geben, denn der kindliche Organismus braucht ihn nicht. Dafür Süßes in Form von Früchten anbieten. Später kann man Süßigkeiten bewußt in den täglichen Speiseplan einbauen: als süße Nachspeise, als süßes Abendessen oder als süße Zwischenmahlzeit. Wichtig ist, danach die Zähne zu putzen. Meiden sollte man hingegen Süßes in Form gezuckerter Getränke.

Und wenn Kinder grundsätzlich beim Anblick von Süßigkeiten im Supermarkt anfangen zu quengeln oder gar Wutanfälle kriegen?

Ich denke, Eltern sollten ab und zu das Kind entscheiden lassen. Mal darf es einen Schokoriegel auswählen, die Frühstücksflocken, die es am liebsten mag, oder für die ganze Familie einen Nachtisch einkaufen. Eltern sollten das aber bewußt einplanen.

Viele Eltern fürchten sich vor einer Zuckersucht bei ihren Kindern. Wie kann man ihr vorbeugen?

Sucht

Bedenklich ist es, wenn ein Kind mehrmals täglich unbedingt nach Süßem verlangt oder als Alternative nicht einmal mehr einen Apfel akzeptiert. Vermeiden läßt sich diese Entwicklung zum Teil dadurch, indem man darauf achtet, daß das Kind genügend Kohlenhydrate ißt. Das heißt: Zu jeder Hauptmahlzeit Brot oder andere Getreideprodukte wie Flocken, Reis, Teigwaren, Kartoffeln, Hülsenfrüchte, Obst und Gemüse.

Kohlenhydrate sollten überhaupt den größten Anteil in der Nahrung ausmachen. Das verhindert zu große Lust auf Süßes, das Sättigungsgefühl ist besser und hält länger an.

Eiweiß sollten Kinder weniger in Form von Fleisch essen, besser sind Milch und Milchprodukte, da sie viel Kalzium enthalten. Zwei- bis dreimal täglich eine Tasse Milch oder Milchprodukte wie Joghurt oder Käse reichen, und ab und zu etwas Fleisch oder ein Ei, um den Bedarf an Eiweiß zu decken.

Gerade im Bereich der Milchprodukte ist das Arsenal an speziell auf Kinder ausgerichteten Sachen enorm groß. Sind diese wirklich so gesund, wie es scheinen will?

Milchprodukte

Da habe ich meine Bedenken. Natürlich wird für Quark oder Milchschnitten ganz stark mit dem Argument geworben, sie seien besonders gesund. Dabei enthalten sie Unmengen an Zucker. Wir gewöhnen uns sehr schnell an einen bestimmten Süßegrad und empfinden dann das sehr stark gezuckerte Produkte als gut. Aber auch das Eßtraining wird von »weichen« Produkten negativ beeinflußt. Kinder müsser nicht mehr kauen. Schließlich besteht auch die Gefahr, daß diese ach so gesunden Sachen schnell zum Ersatz einer ganzen Mahlzeit werden, nach dem Motto: Ist nicht so schlimm, wenn das Kind mal das Mittagessen nicht mag, es kann ja Joghurt oder Quark nehmen.

Gibt es dazu Alternativen?

Ja, ganz einfach: Milchprodukte in den Menüplan einbauen, nicht als Ersatz für ganze Mahlzeiten. Um den Zuckergehalt zu senken: Naturprodukte kaufen und selber Früchte dazugeben. Oder fertiges Fruchtjoghurt immer zur Hälfte mit Naturjoghurt mischen.

Wie steht es mit künstlich gesüßten Milchprodukten? Sind sie für Kinder schädlich?

Zuckerersatz

Die künstlich gesüßten Milchprodukte sind genauso süß wie gezuckerte – der künstliche Süßstoff ändert nichts am Geschmacksempfinden. Aber es gibt Richtwerte für die tägliche Zufuhr von Süßstoffen. Wenn Kinder zum Beispiel Light-Getränke konsumieren, erreichen sie diese Richtwerte sehr schnell, manchmal bereits mit 4 bis 5 Dezilitern. Eigentlich sollten künstliche Zucker bei Kindern nur ganz gezielt verwendet werden, etwa bei Diabetikern.

Wenn man das Kleingedruckte auf den Verpackungen liest, enthalten Fertigprodukte ja nicht nur Zucker, sondern eine ganze Reihe anderer Zusätze – Farbstoffe, Bindemittel und ähnliches. Wie problematisch sind diese?

Zusatzstoffe

Die Aufregung um Zusatzstoffe ist meiner Meinung nach ein Ablenken von den wirklich großen Problemen der heutigen Fehlernährung. Wenn ein Kind an einem Tag einen Liter Sirup trinkt, und man macht sich gleichzeitig Sorgen wegen der Zusatzstoffe im Quark, dann stimmt das in der Relation einfach nicht. Würde man allgemein darauf achten, weniger Zucker, weniger Fett und Eiweiß und dafür mehr naturbelassene, vollwertige Produkte zu essen, kämen als logische Folge viel weniger Fertigprodukte auf den Tisch. Und damit auch weniger Zusatzstoffe.

Daß Erwachsene zuviel Fett essen, ist bekannt. Tun das auch Kinder?

Fett

Kleinkinder haben einen relativ höheren Fettbedarf und essen selten zuviel davon. Man sollte ihnen deshalb auch nur Vollmilch geben und keine Light- oder Magerprodukte. Erst ältere Kinder und Jugendliche essen zuviel Fett, vor allem dann, wenn fettreiche Snacks oder Pommes frites »in« werden.

Es wird gesagt, daß Allergien immer häufiger auftreten. Gilt das auch für Nahrungsmittelallergien bei Kindern? Wogegen sind Kinder hauptsächlich allergisch?

Allergien

Tatsächlich werden Nahrungsmittelallergien auch bei Kindern häufiger.

Die wichtigsten Allergene sind Kuhmilch, Hühnerei, Erdnüsse und Soja.

Wie äußern sich Nahrungsmittelallergien bei Kindern?

Das ist sehr verschieden. Viele Unverträglichkeiten und Allergien zeigen sich bei Kindern in Form von Durchfall und Erbrechen. Ältere Kinder reagieren mit Hautausschlägen. Eines der wichtigsten Symptome ist aber, wenn ein Kind schlecht gedeiht und nicht zunimmt. Bluttests geben Anhaltspunkte, worauf ein Kind allergisch ist. Man kann dieses eine Nahrungsmittel eine Zeitlang aus der Ernährung streichen und sehen, ob sich die allergischen Symptome vermindern. Ich rate aber ausdrücklich davon ab, dies auf eigene Faust zu tun. Oft meinen Eltern, ihr Kind vertrage ein bestimmtes Nahrungsmittel nicht und machen dann drastische Diäten. Das kann unter Umständen zu schweren Mangelerscheinungen führen. Abklärung und Überwachung einer Allergie gehören unter ärztliche Aufsicht.

Die Neigung zu Allergien wird ja vererbt. Welche vorbeugenden Maßnahmen gibt es, wenn Eltern wissen, daß sie selber Allergien haben?

Die weitaus wichtigste Maßnahme ist das Stillen, am besten sechs Monate lang, mindestens aber einen Monat. Beikost sollte möglichst spät eingeführt werden, frühestens im 5. spätestens im 7. Lebensmonat. Die wichtigsten Allergene, also Kuhmilch, Soja, Hühnerei und Nüsse sollte man in den ersten 6 bis 12 Lebensmonaten überhaupt meiden. Neue Nahrungsmittel führt man immer nur einzeln ein. Wenn das Stillen aus irgendeinem Grund nicht möglich ist, gibt es heute sogenannt hypoallergene Säuglingsmilch.

Weit verbreitet ist inzwischen die Ansicht, verschiedene Störungen oder Krankheiten bei Kindern ließen sich durch eine spezielle Diät kurieren. Was halten Sie davon?

Heildiäten

Sie sprechen die phosphatfreie Diät für hyperaktive Kinder an oder die Ernährungsumstellung bei Neurodermitis. Der Stand des Wissens ist folgender: Sowohl Hyperaktivität als auch Neurodermitis werden ausgelöst von vielen verschiedenen Faktoren, die

Ernährung ist einer davon. Ich denke, es ist berechtigt, den Faktor Ernährung in die Behandlung einzubeziehen. Falsch finde ich es, alles darauf zu reduzieren und die Ernährung ins Zentrum zu stellen.

Es gibt aber Eltern, die behaupten, daß mit der phosphatfreien Ernährung ihr hyperaktives Kind praktisch von einem Tag zum andern symptomfrei geworden ist.

Das mag sein. Doch genau wie bei der Entstehung einer Krankheit gibt es auch bei der Heilung verschiedene Faktoren, die eine Rolle spielen. Zum Beispiel kümmert man sich intensiver um das Kind, wenn man es speziell ernähren muß. Oder die positive Einstellung der Eltern, ihr Glaube daran, daß die Diät erfolgreich sein wird, ist ein wesentlicher Heilungsfaktor. Damit möchte ich nicht in Abrede stellen, daß es Zusatzstoffe in der Nahrung gibt, die einen Einfluß auf das Verhalten von Kindern haben. Es ist jedoch außerordentlich schwierig festzustellen, welcher das im einzelnen ist. Und es gibt leider sehr wenig Ärztinnen und Ärzte, die dafür Verständnis und Interesse aufbringen.

Sie würden also dazu raten, es einmal mit einer Ernährungsumstellung zu versuchen?

Fehlernährung

Ja, aber nur für eine Zeit von drei bis vier Wochen. Danach sollte man die Ernährung stufenweise wieder aufbauen. Das Risiko einer Fehlernährung ist hoch. Abgesehen davon finde ich es problematisch, einem Kind mitunter sehr einschränkende Diäten zu verordnen. Das kann sich negativ auf seine psychische Entwicklung auswirken.

Es gibt Familien, die sich an eine besondere Ernährungsform halten: Rohköstler, Vegetarier, Makrobioten. Gibt es eine Grenze, bei der man sagen muß: Das ist für Kinder ungesund?

Ja. Die Grenze liegt dort, wo absolut kein tierisches Eiweiß gegessen wird. Das genügt für Kinder nicht, denn Kinder haben im Vergleich zu Erwachsenen einen relativ höheren Eiweißbedarf. Diesen nur aus pflanzlicher Nahrung zu decken, geht nicht. Kinder könnten die dazu nötige Menge gar nicht essen. Tierisches Eiweiß muß sein, aber nicht unbedingt in Form von Fleisch, sondern als Milch und Milchprodukte und als Eier. Dazu muß man strikt darauf achten, daß die übrigen Nahrungsmittel vollwertig sind.

Wann ist ein Kind zu dick oder zu dünn?

Das kann man bei Kindern nicht in eine einfache Formel packen wie bei Erwachsenen.

Für Kinder gibt es sogenannte Perzentilen, das sind Kurven, die für jedes Alter eine Bandbreite angeben, wie das Verhältnis zwischen Körpergröße und Gewicht sein sollte. Es reicht meiner Meinung nach aus, wenn man ein Kind etwa zweimal im Jahr wiegt und schaut, ob es innerhalb dieser Bandbreite ist.

Sie plädieren dafür, das Essen nicht zu problematisieren, es dauernd in den Mittelpunkt zu stellen oder ein Kind wegen seines Eßverhaltens immer wieder zu kritisieren.

Ja. Um eine gute Einstellung zum Essen zu fördern und den Kindern vorzuleben, daß Essen etwas Gesundes und Schönes ist, sollte es in der Familie und im Tagesablauf aber seinen Stellenwert haben.

Anhang

Ernährungsplan für 3 – 6-jährige Kinder

Diese Nahrungsmittel sollten jeden Tag gegessen werden, um eine ausreichende Nährstoffzufuhr zu gewährleisten:

Milch, Milchprodukte:	2 Portionen (1 Portion = 2 dl Milch, 180 g Joghurt oder Sauermilch, 20 g Hartkäse oder 40 g Weichkäse)
Getreideprodukte und Kartoffeln:	3–4 Portionen Brot, Reis, Teigwaren, Flocken, Getreide aller Art; Vollkornprodukte bevorzugen! Menge je nach Bedarf
Obst:	1–2 Portionen, möglichst roh
Gemüse:	1–2 Portionen, mindestens 1x roh
Fleisch, Fisch, Geflügel, Eier, Hülsenfrüchte:	20–30 g bzw. 1 Ei
Butter, Öl:	je 10–15 g Butter als Brotaufstrich und Pflanzenöl zum Kochen

Ernährungsplan für 8 – 12-jährige Kinder

Milch, Milchprodukte:	3 Portionen (1 Portion = 2 dl Milch, 180 g Joghurt oder Sauermilch, 20 g Hartkäse oder 40 g Weichkäse)
Getreideprodukte und Kartoffeln:	3–4 Portionen Brot, Reis, Teigwaren, Flocken, Getreide aller Art, Vollkornprodukte bevorzugen! Menge je nach Bedarf!
Obst:	2 Portionen, möglichst roh
Gemüse:	2 Portionen, mindestens 1x roh
Fleisch, Fisch, Geflügel, Eier, Hülsenfrüchte:	50 g bzw. 1–2 Eier
Butter, Öl:	je 10–15 g Butter als Brotaufstrich und Pflanzenöl zum Kochen

Toleranzbereiche für Körpergewichte von Kindern und Jugendlichen von 3 bis 17 Jahren

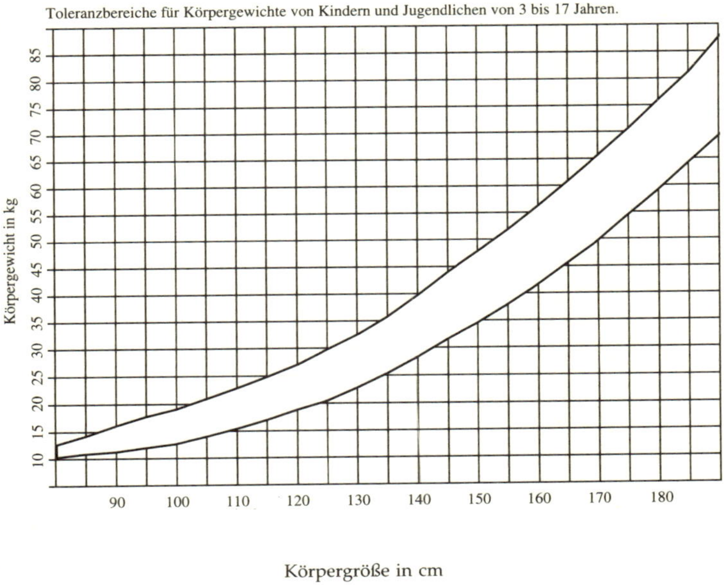

aus: *Volker Pudel: Ketchup, Big Mac, Gummibärchen. Essen im Schlaraffenland. Beltz Quadriga, Weinheim/Berlin 1995*

Toleranzbereich um das Referenz-Körpergewicht, in dem 80% aller Kinder und Jugendlichen liegen:

Körper-größe in cm	Toleranzbereich Körpergewicht in kg		Körper-größe in cm	Toleranzbereich Körpergewicht in kg	
	von	bis		von	bis
80	11	13	136	26	37
82	11	13	138	27	38
84	11	14	140	28	39
86	11	14	142	29	41
88	11	15	144	30	42
90	12	15	146	31	44
92	12	16	148	33	45
94	12	17	150	34	47
96	12	17	152	35	48
98	13	18	154	37	50
100	13	19	156	38	52
102	14	19	158	39	54
104	14	20	160	41	55
106	15	21	162	42	57
108	15	22	164	44	59
110	16	23	166	46	61
112	16	23	168	47	63
114	17	24	170	49	65
116	17	25	172	51	67
118	18	26	174	52	69
120	19	27	176	54	72
122	20	28	178	56	74
124	20	29	180	58	76
126	21	30	182	60	78
128	22	32	184	62	81
130	23	33	186	64	83
132	24	34	188	66	86
134	25	35	190	69	88

aus: Deutsche Gesellschaft für Ernährung: Ernährungsbericht 1984, Druckerei Henrich, Frankfurt/M. 1984

Literatur

Silvia Baeck: Eßstörungen bei Kindern und Jugendlichen. Ein Ratgeber für Eltern, Angehörige, Freunde und Lehrer. Lambertus Verlag, Freiburg i. Br., 1994

Norbert Elias: Über den Prozeß der Zivilisation. Band 1, Suhrkamp, Frankfurt a. Main, 1989

Annelies Furtmayr-Schuh: Postmoderne Ernährung. Food-Design statt Eßkultur. Trias (Thieme/Hippokrates/Enke), Stuttgart, 1993

Geo-Wissen: Nahrung und Gesundheit, Gruner + Jahr, Hamburg, 1990

Kartoffelmus und Apfelbrei. Ernährung in Familien mit Kleinkindern. Diverse Autorinnen, nicht im Buchhandel

Thomas Kleinspehn: Warum sind wir so unersättlich? Über den Bedeutungswandel des Essens, Suhrkamp, Frankfurt a. Main, 1989

Marie-Luise Könneker, Esther Fischer-Homberger: Götterspeisen, Teufelsküche, Texte und Bilder vom Essen und Verdauen, vom Fressen und Fasten, Schlecken und Schlemmen, von Fett und Fleisch, Brot und Tod, Luchterhand Literaturverlag, Frankfurt a. Main, 1990

Remo H. Largo: Babyjahre. Die frühkindliche Entwicklung aus biologischer Sicht. Carlsen Verlag, Hamburg, 1993

Hanny Lothrop: Das Stillbuch. Kösel Verlag, München, 1984

Stephen Menell: Die Kultivierung des Appetits. Geschichte des Essens vom Mittelalter bis heute. Athenäum, Frankfurt a. Main, 1988

Faith Popcorn: Der Popcorn Report, Trends für die Zukunft. Wilhelm Heyne Verlag, München, 1992

Volker Pudel: Ketchup, Big Mac, Gummibärchen. Essen im Schlaraffenland. Beltz Quadriga, Weinheim, Berlin, 1995

Leonard A. Sagan: Die Gesundheit der Nationen. Die eigentlichen Ursachen von Gesundheit und Krankheit im Weltvergleich. Rowohlt, Reinbek, 1992

Sylvia Schneider, Birgit Rieger: Iß Was!? Das UNICEF-Kinderbuch vom gesunden Essen. Arena Verlag, Würzburg, 1993

Schweizerische Vereinigung für Ernährung: Zuerst kommt der Genuß. Ernährung von Kindern und Jugendlichen, in: Tabula, Nr. 1, 1994

do: Fachtagung, Ernährung von Kindern und Jugendlichen, Luzern, 1994

Barbara Sichtermann: Leben mit einem Neugeborenen. Fischer Taschenbuch Verlag, Frankfurt a. Main, 1981

Susanna Tamaro: Der kugelrunde Roberto. Diogenes, Zürich, 1993

Naomi Wolf: Der Mythos Schönheit. Rowohlt, Reinbek, 1991

Stichwortverzeichnis

Quellennachweis:

Aus folgendem Werk wurde mit freundlicher Genehmigung der genannten Verlage zitiert:

Deutsche Gesellschaft für Ernährung: Ernährungsbericht 1984, Druckerei Heinrich, Frankfurt/M. 1984.

Pudel, Volker – Ketchup Big Mac Gummibärchen. Weinheim, Berlin: Beltz Quadriga, 1995.

Alle in diesem Buch enthaltenen Angaben, Daten, Ergebnisse etc. wurden von der Autorin nach bestem Wissen erstellt und von ihr mit größtmöglicher Sorgfalt überprüft. Gleichwohl sind inhaltliche Fehler nicht vollständig auszuschließen. Daher erfolgen die Angaben etc. ohne jegliche Verpflichtung oder Garantie des Verlags oder der Autorin. Beide schließen deshalb jegliche Verantwortung und Haftung für etwaige inhaltliche Unrichtigkeiten aus, es sei denn im Falle grober Fahrlässigkeit.

Die Deutsche Bibliothek – CIP-Einheitsaufnahme

Diese Suppe ess' ich nicht! : das Drama mit dem Essen;
Vorurteile – Erziehungsgrundsätze und was wirklich wichtig ist
/ Silvia Hofmann. – Zürich : Kreuz, 1995
ISBN 3-268-00178-5
NE: Hofmann, Silvia

1 2 3 4 5 99 98 97 96 95

P.O.B. 245 CH 8034 Zürich
Umschlaggestaltung: Jürgen Reichert, Stuttgart
Umschlagbild: H. Theissen-Anthony, Starnberg
Autorenfoto: Beatrice Künzi, Zürich
Satz: Meiereder, Schrobenhausen
Druck und Bindung: Clausen & Bosse, Leck
ISBN 3 268 00178 5